音楽的思考を育てる資質・能力スタンダード

主体的な学びを支える授業の理論と実践

日本学校音楽教育実践学会 著

図書文化

はじめに　音楽科の役割

21世紀に求められる音楽科教育の変革

　今，なぜ「音楽的思考」が重視されるのか。それは，音楽的思考が，教師主導の20世紀型授業から子ども主体の21世紀型授業へ転換するためのキーワードとなるからである。歌をうたうとき，ただ音符をなぞるのではなく，「ここはそっと内緒話をするようにやさしく歌いたい」と思い，歌ってみる。自分で何かしっくりしなくて，こんどは声の出し方を変えてみる。このような過程には思考が働いている。それは「こんな感じにしたい」というように，表現したいイメージが導いていく思考である。これが音楽的思考である。これまでの伝統的な音楽の授業は，教師が音楽に関する知識技能を教え授けるという，教師からの一方通行の授業であった。しかし，本学会の実践的研究により，教師が子どもの音楽的思考に目を向けて授業を実践することで，子どもを学習の主体にできることが明らかにされてきた。

　そもそも明治の学制から150年以上たっても，学校音楽に対するイメージはほとんど変わっていない。音楽の授業というと，教師が伴奏を弾いて子どもたちが歌っているイメージである。教員養成においても，音楽の授業なんて今まで自分が受けてきた授業のように教科書の歌をCD伴奏で歌わせて，たまに曲を鑑賞させて感想文を書かせればよし，という固定観念をもって入学してくる学生が多い。こうして教師が前に立って教え導く旧態依然の授業が長年再生され，結果，音楽は苦手，学校の音楽は嫌い，という多くの子どもたちを世に送り出してきたのである。

　しかし，21世紀を迎えるころ，学校教育全体に対して大きな変革が求められるようになってきた。社会の変化が読めなくなるこれからに向けて，学校でどのような力を育てたらよいのかという学力問題が提起されたのである。変革の波は音楽科教育にもおよんだ。それまで音楽科は，技能教科とよばれるように演奏技能を育てるということが自明視されてきたのだが，考えてみれば演奏技能を育てるなら学校外の音楽教室の方が効率的である。ここに，音楽科も学校の教育課程を構成する一つの教科として，音楽科が担う学力育成とは何かを根拠をもって明示することが社会から要請されるようになってきたのである。

音楽科教育の役割

　子どもの生涯を見通したとき音楽科はどういう力を育てたらよいのか，学校の教育課程において担うべき役割は何なのか。それは，音楽を愛好し楽器演奏を楽しむ人を育てるという趣味嗜好の類のものではない。この世に生れ落ちた赤子が成長して人生を豊かに幸せに全うしていくうえで，人間が生み出してきた芸術文化としての音楽がどういう役割を果すのかに対する答えが求められるようになってきた。

　この問いに対して，音楽科教育は私たちが生きる世界の質的な側面に対する感受性を育て

2

る役割をもつと答えたい。これまで学校教育は，世界の量的で合理的で論理的な側面を重要視し，科学技術教育を推進してきた。科学技術の発展はその一方で，環境問題等，地球に新たな問題をもたらすこととなった。21世紀のこれから人類が幸福に豊かに生きていくには，世界を認識する量的な様式だけでなく，質的な様式とのバランスを備えていることが求められる。認識の質的な様式とは，世界の質的な側面に意味を見出す認識の様式である。質を認識することは何も高尚なことでも難解なことでもない。朝起きたとき窓から差し込む光に輝きや透明感を感じること，パンが焼ける香ばしい匂いを感じること等々，これらは質を感受していること，すなわち質を認識していることである。人間はそのとき，今ここに生きている自己の存在を実感することができる。すべて人間の経験は質に満ち満ちている。その質を音や色や光といった質的な素材を使って作品やパフォーマンスとして表現するのが芸術である。芸術は，人間が経験した世界の質を凝集して，美的に再構成したものといえる。ゆえに芸術を経験することは，質の感受力を開発し育てることになる。

質的世界の探究と音楽的思考

21世紀はAIの時代である。AIの進化にともなって逆に人間でしかできないことは何か，という問いが突き付けられている。AIは質を質として感受することはできない。AIは，質も量に変換してしか捉えることしかできないのである。AIが感受できないこの世界の質を真っ向から扱うのが芸術である。そして，芸術なかんずく音楽の経験において質の感受力を育てる方法が，音楽的思考なのである。

長年，音楽科に思考なんて不要だ，音楽は理屈抜きで感じればいい，よい芸術に接していれば自然に感受力は育つとされてきた。しかし，質の感受力は感覚の刺激反応の訓練では育たない。人間が，身体，頭脳，感情，感覚等すべてを統合した全一体として，世界と能動的に相互作用することで育つものである。この質的世界と人間との能動的な相互作用を推進するのが思考である。音楽的思考は，論理によって推進される論理的，合理的思考ではなく，事象の質的関係やイメージによって推進される質的思考である。

本書の特徴は，音楽の授業において子どもが思考していく姿を，実践を通して具体的に描き出しているところにある。そのことは，演奏や作品の出来栄えばかりに目がいきがちな教師に，子どものどこをみたらよいのかを教えてくれるだろう。教師が子どもの見方を変えると授業は変わる。生来，子どもは，思い浮かんだことを外に表したい，構成したいという衝動を備えた能動的存在であった。音楽的思考は，その活動的衝動を生かして芸術の経験に発展させる働きをもつ。本書が授業における子どもの主権回復に寄与することが期待される。

元日本学校音楽教育実践学会代表理事

小島律子

INDEX ●音楽的思考を育てる資質・能力スタンダード

はじめに　音楽科の役割 …… 2

第1章
音楽的思考とは何か

1　これからの音楽科で育成すべき資質・能力「音楽的思考」…… 8
2　音楽的思考を育む学習過程 …… 16

第2章
音楽的思考の育成を軸とした資質・能力スタンダード

1　音楽的思考の育成を軸とした資質・能力スタンダード …… 22
2　音楽科における学習評価の問題点 …… 30
3　資質・能力スタンダードの活用による学習評価の可能性と課題 …… 32

第3章
音楽的思考を育てる授業デザイン

1　音楽的思考の発揮を促す授業デザインの視点 …… 36
2　音楽的思考を育てる単元構成の枠組み …… 38
3　音楽的思考を育てる授業デザインの視点 …… 44
　　●経験の再構成による授業デザインの視点
　　●授業デザインの視点（1）　指導内容を焦点化する
　　●授業デザインの視点（2）　不確定状況をつくる
　　●授業デザインの視点（3）　指導内容と知覚・感受の対応関係をつくる
　　●授業デザインの視点（4）　社会的な場をつくる
　　●授業デザインの視点（5）　ワークシートを工夫する
4　資質・能力スタンダードを活用した評価計画 …… 48

第4章

音楽的思考をどう育てるか ── 実践事例にみる音楽的思考のはたらき

実践事例の見方 …… 54

事例1（小学校中学年）

歌唱《ゆかいに歩けば》の単元にみる【発想】と【手段と結果の関係づけ】のはたらき

■単元の授業実践 …… 58

■ワークシート …… 66

事例2（小学校高学年）

鑑賞《春の海》の単元にみる【構想】と【価値づけ】のはたらき

■単元の授業実践 …… 68

■ワークシート …… 76

事例3（中学校）

鑑賞《魔王》の単元にみる【構想】と【価値づけ】のはたらき

■単元の授業実践 …… 78

■ワークシート …… 86

事例4（高等学校）

歌唱《箱根八里》の単元にみる【知覚・感受】と【発想】のはたらき

■単元の授業実践 …… 88

■ワークシート …… 96

評価規準例

■小学校低学年　：音楽づくり「おまつりの音楽」…… 98

■小学校中学年　：器楽《茶色のこびん》…… 99

■小学校高学年　：歌唱《ふるさと》…… 100

■中学校　　　　：創作「都節音階による旋律づくり」…… 101

■高等学校　　　：器楽《スタンド・バイ・ミー》…… 102

解説 「資質・能力スタンダード」と音楽的思考が「見える」ということ[特別寄稿] …… 104

註 …… 106

おわりに …… 108

執筆者一覧 …… 110

第1章 音楽的思考とは何か

1-1 これからの音楽科で育成すべき資質・能力「音楽的思考」

これからの音楽教育を支える「生成の原理」

　21世紀に突入し私たちはいま，生活や仕事などのあらゆる場面で，決まった答えのない，複雑であいまいな問題に直面することが増えてきたのではないでしょうか。もはや学校教育で暗記し頭のなかに詰め込んできた知識だけでは乗り越えられない世の中になっています。身につけた知識や技能をもとにして多様な他者と協働して創造的に問題を解決しなければならないのです。そうした世界の変化に対応すべく，周知の通り，平成29年の学習指導要領改訂を機に，学校教育では「コンテンツベース」から「コンピテンシーベース」へと転換が図られ，21世紀を生き抜くための資質・能力の育成が目指されるようになりました。

　正解のない未来を生き抜くために，学校の音楽教育はどうあるべきか。教師がピアノの前に立ち，子どもたちがそのピアノを取り囲む形で「ここはもっとこんなふうに歌ってみよう」と教師が歌い誘いかけるような，20世紀型の音楽の授業ではもはや未来を生き抜く能力を身につけることはできないでしょう。

　本書ではこうした社会の潮流のなかで，「生成の原理」による授業こそが21世紀の音楽教育を救う鍵になると考えます。「生成の原理」とは，子どもが音楽と直接相互作用することをとおして，外側に音楽作品をつくりだすと同時に，内側の思考やイメージ，感情といったものをつくりかえていくという二重の変化が起きることです[*1]。「生成の原理」により授業は教師が歌い方を教え込むという20世紀型の授業から，子ども自身が思考をはたらかせて表現する授業へと生まれ変わります。

　では「生成の原理」による授業は20世紀型の音楽の授業と比べて何がどう変わるのか。まずは授業観の変化に着目してみましょう。「生成の原理」では，学びの前提に「学習者と環境（音楽）との相互作用」があります。教師が教材研究をして得た知識や技能を学習者に伝授するのではなく，学習者自身が直接教材にはたらきかける点に特徴があります。その結果，「生成の原理」による授業では外側に音楽作品をつくりだすだけでなく，子どもの内側のイメージや感情もつくりかわることになります。この立場に立つと教師が子どもへ知識や技能を一方向的に伝達する20世紀型の授業とはまったく異なり，子ども自身が自分の内面をかかわらせて音楽作品を形づくっていく授業に生まれ変わります。つまり「生成の原理」による授業では教師の指示（刺激）に対して子どもが声を出す（反応）という「刺激—反応」

の行動主義の学習ではなく，学習者自身が直接環境にはたらきかけ，他者と協働して自分の経験を再構成していくという社会的構成主義に基づく学習になるといえます。

このように授業観が変わると自ずと学力観も大きく変わります。音楽科の学力と聞いて真っ先に「知識・技能」を思い浮かべる人も多いのではないでしょうか。ある作曲家が生まれた年や国など，作曲家や楽曲に関してどの程度知識をもっているか（知識），歌を歌うときにいかに正確な音程で頭声的発声ができているか（技能），五線譜に書かれた楽譜を読めるかどうか（読譜），といったものを音楽科の学力として思い浮かべる人も少なくないでしょう。もちろんこれらの知識や技能は音楽を味わい表現するうえで必要なものです。しかしいずれも非常に限定的で（西洋音楽に特化している点も），その後の生涯にわたって役立つ知識や技能になり得るかどうか，甚だ疑問です。21世紀を豊かに生き抜くためにはこのような限定的な場面でのみ使える知識や技能だけでなく，より汎用性のある，問題解決的な状況において生きてはたらく能力こそが求められます。それは音楽科に限らず，すべての教科において同様です。

前述したとおり「生成の原理」による授業は，教師の指示（刺激）に対して子どもが声を変えていく（反応）という「刺激―反応」の行動主義の学習ではなく，子ども自身が直接音や音楽，他者と相互作用することをとおして自分の経験をつくりかえていくという社会的構成主義に基づく学習になります。そこでは自分の経験をつくりかえていくために，「知識・技能」をどれだけ身につけたかという結果よりむしろ，いかに自分自身の思考をはたらかせて経験をつくりかえたかという「音楽的思考」がより重要になってくるのです。そのため，「生成の原理」による授業では「知識・技能」よりも「音楽的思考」の育成に重点が置かれます。

「生成の原理」による授業で育成される資質・能力

では「生成の原理」による授業では，「音楽的思考」を核としてどのような資質・能力が育成されるのでしょうか。「生成の原理」による授業では，教師が子どもへ知識や技能を一方向的に伝達する20世紀型の授業とは異なり，子ども自身が自分の内面をかかわらせて音楽作品を形づくっていくことが重視されます。「刺激―反応」の行動主義による旧来の学習では学習結果の「教育内容」のみが学力とみなされていましたが，他者と協働して自分の経験を再構成していくという社会的構成主義による学習では学習の「プロセスに働く力」が学力として捉えられます[2]。

では「生成の原理」による授業の「プロセスに働く力」とはいったいどういった能力なのでしょうか。「プロセスに働く力」について小島は「生成型学力」と定義し，次のように説明しています[2]。「生成の原理」では「学習者と環境との相互作用」が前提にあり，子どもが環境である音や音楽に能動的にかかわることで学習は成立する。そこではまず環境に対象を得て「興味」が起動する。「興味」によって環境に能動的にはたらきかけ，音や音楽をつくりかえていくための資源として「知識・技能」が起動する。それと連動して知識と技能を活用する「思考」が必要になる。そうすることで，次なる行動が引き出され，音楽活動が発

展していく。

　このように「生成の原理」による授業では「興味」「知識・技能」「思考」という三つの能力が有機的に絡まって回転することで，音楽活動が発展し，音楽科の資質・能力が育成されます。すべての歯車が互いに関連し合って回り続けるところに意味があります。

　そしてこの三つの歯車が動くには他者とかかわる「コミュニケーション力」が機能しないと起こらないため，土台に「コミュニケーション力」が置かれます。他者とかかわりさまざまな意見や考えを交流することを通して，新たな興味や発想が生み出され，知識や技能を活用して音や音楽をつくりかえていくのです。

　図1のように，「生成の原理」による授業の「プロセスに働く力」とは，「コミュニケーション力」を土台として「興味」「知識・技能」「思考」があり，それらは歯車となって互いに関連し合いながら起動するという構造をもちます。

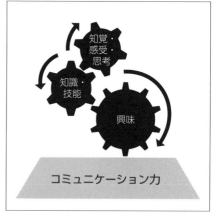

図1：生成型学力の構造[*2]

これからの音楽科で育成すべき資質・能力「音楽的思考」

　「生成の原理」による授業では「コミュニケーション力」を土台として「興味」「知識・技能」「思考」という能力が起動するという学力構造があります。また「生成の原理」による授業では学力観においても「知識・技能」偏重から「音楽的思考」重視というコペルニクス的転回が起きます。本書では音楽科で育成すべき資質・能力のなかでも特に「音楽的思考」が重要であるという立場に立ち，「音楽的思考」がどういった能力なのか，考えていきます。

　「音楽的思考」とは，音や音楽について知覚・感受したことを基盤に，自分の表現したいイメージに合うように根拠をもって音や言葉などを選択したり組み合わせたりして，演奏表現や作品をつくる際の一連のプロセスにはたらく思考のことです[*3]。「音楽的思考」が注目されるようになったきっかけは，子どもの表現を内的な追究過程との結びつきからみる必要性が指摘されたことに発端がありました。その後「音楽的思考」は問題解決過程にはたらく用語として定着し，子どもが主体的に取り組む授業を目指す近年にあっては，子どもの内的世界への着目とともに「音楽的思考」の重要性はますます高まってきているといわれています[*3]。

　ここでいう「思考」とは人間が環境にはたらきかけ，その結果を受けて次の行為を変化させていくという連続的な作用を指します。「思考」というと頭のなかで起こっていることと思われがちですが，ここでいう「思考」はそうではなく，手足や聴覚，視覚といった自らの身体諸器官を使って環境にはたらきかける行為を伴うものです。なかでも「音楽的思考」は，音や音楽といった素材を直接扱う「思考」を指します。そのため「音楽的思考」は頭のなかだけでなく音そのものを直接扱うという実際的行為を通して，「思考」が推し進められる点

に特徴があります。

そして「音楽的思考」の中核を担っているのが，学習指導要領でも強調されている「知覚・感受」です。「知覚」は音楽を形づくっている諸要素や要素間の関連を自身の感覚器官をとおして知るはたらきです。けっして教師が「ここからリズムが変わります」などと言葉で説明したり楽譜を指し示して教えたりするものではありません。学習者自身が聴覚など自分の感覚器官をとおして音楽がどうなっているかを直接知るはたらきです。いっぽう「感受」は「知覚」された諸要素や要素間の関連が生み出す特質をイメージをとおして知るはたらきのことです。こちらも聴覚など自分の感覚器官をとおして直接感じ取ります。そのときに「○○みたいな感じがする」など自分なりのイメージをもつことが重要です。

21世紀の学校教育では自分で考え自分で「思考」するはたらきが重視されるようになるなかで，音楽科では特に「知覚・感受」を中核とした「音楽的思考」が最重要能力として位置づけられています。「音楽的思考」は音や音楽といった素材を直接扱って「思考」する点に特徴があることから，教師が「このリズムはこうなっています」などと言葉や記号を通して教えるものではなく，学習者自身が自分の感覚器官を使って直接音や音楽にはたらきかけて「思考」することが重要です。

「音楽的思考」を支える五つの機能

平成29年の学習指導要領改訂に伴い，音楽科の学習評価の観点も「知識・技能」「思考・判断・表現」「主体的に学習に取り組む態度」という3観点に整理されました。なかでも「思考・判断・表現」に重点が置かれるようになったことは周知の事実です。しかし「思考・判断・表現」は学習者の内面ではたらく資質・能力であるために非常に評価しにくく見えにくい能力とされ，現場でも見取り評価することのむずかしさをよく耳にします。

ところで音楽科における「思考・判断・表現」の観点の趣旨は「音楽を形作っている要素について知覚・感受し，音楽表現を創意工夫すること」といわれていることから，「思考・判断・表現」の中核には「音楽的思考」があるといえるでしょう。

ここではこれまで「見えにくい」とされてきた「音楽的思考」に焦点を当て，「音楽的思考」をより理解するために，この能力を支える五つの機能について説明します。

「音楽的思考」は音楽活動の一連のプロセスにはたらく力であり，そのプロセスには連続してさまざまなものがはたらいています。日本学校音楽教育実践学会では「音楽的思考」を推し進めるものとして具体的にどのような機能があるか，実践研究をとおして具体的な下位項目を導き出してきました[*4]。

「音楽的思考」には【知覚・感受】【発想】【手段と結果の関係づけ】【価値づけ】【構想】の五つの下位項目があります。以下，具体的な事例に沿ってそれぞれの項目について説明します。

知覚・感受

- **【知覚】**とは音楽を形づくっている諸要素や要素間の関連について，聴覚を中心とした自身の感覚器官を通して知るはたらきのこと
- **【感受】**とは知覚された諸要素や要素間の関連が生み出す雰囲気や曲想といった特質をイメージを通して知るはたらきのこと

「音楽的思考」を推進する機能のなかでも特に【知覚・感受】はその中心にはたらいています。例えばサン・サーンス作曲《動物の謝肉祭》の〈白鳥〉を聴いて，「チェロの音色が白鳥が水面をゆったり進んでいる感じがする」と捉えたとき，自分の聴覚をとおして「チェロの音色」について【知覚】し，その音色から「白鳥が水面をゆったり進んでいるような感じ」という雰囲気を【感受】しています。本来【知覚・感受】は一体のものとして起こる認識活動ですが，授業ではあえて分けて捉えることもあります。

「音楽的思考」そのものは音を媒体に思考を推し進めますが，その中核には【知覚・感受】がはたらいています。音や音楽がどのような状況か，またそれによってどういう感じが伝わってくるか。【知覚・感受】は音という媒体を聴覚等の感覚器官をとおして直接把握するところに意味があり，音と直接かかわることをとおして「音楽的思考」が育成されます。

【知覚・感受】は平成20年改訂の中学校学習指導要領に初めて登場した用語であり，以降中学校では「音楽を形作っている要素について知覚・感受」し，知覚・感受したことを関連づけることがすべての音楽活動で共通して指導する内容，すなわち〔共通事項〕として定着しています。いっぽう小学校の学習指導要領では音楽を形づくっている要素を「聴き取り」「感じ取る」という言葉で言い換えられています。いずれも【知覚・感受】は小学校から中学校にかけてすべての音楽活動を支えるものとして位置づけられています。

発　想

- 自らもったイメージを根拠に音や言葉，身体，図などを用いてアイデアを出すこと

【発想】は行為を方向づけ，「音楽的思考」をより前進させるものとして重要な役割を果たします。音楽活動では自らのイメージを根拠にしてアイデアを出します。例えば《ゆかいに歩けば》の歌唱の活動で「『ゆかいに　あるけば～』のところが弾んでいてこれから楽しいことが始まる感じがするから，声を切って歌ってみたい」という発言があったとします。この発言こそが【発想】の表れです。「出だしが弾んでいる」と【知覚】したうえで，その部分を「楽しいことが始まる感じ」というイメージをもってそれを伝えるために「声を切って歌ってみる」という工夫が提案されます。

このように【発想】は【知覚・感受】を手がかりとしてイメージや創意工夫が一体となって発揮されます。

音楽的思考とは何か **第1章**

手段と結果の関係づけ

● 音や音楽へはたらきかけ，自ら選択した手段がどういう結果をもたらしたのか，手段と結果を関係づけて考えること

【手段と結果の関係づけ】とは，音楽経験において，目的に照らし合わせて手段がどうだったのか，結果を検討することです。それは音楽的思考を発展させていくうえで必要不可欠な機能です。行為を通して手段と結果を関係づけることで，次の行動の手がかりを得ることができ，経験をつくりかえていくことになります。

【手段と結果の関係づけ】を考えるうえで重要なことは音楽経験における「目的─手段─結果」の関係を意識することです。音楽経験において目的は「○○というイメージを表現すること」，手段は「目的実現のために選択されるもの」，結果は「手段を実行してもたらされたもの」になります。《ゆかいに歩けば》を例にあげると，目的は「楽しいことが始まる感じで歌ってみたい」であり，手段は「声を切って歌ってみる」であり，結果は「あまり楽しい感じが伝わってこなかった」となります。つまり【手段と結果の関係づけ】とは，「声を切って歌ってみたけれど（手段），あまり楽しい感じが伝わってこなかった（結果）」と，目的に照らし合わせて手段がどうだったのか，結果を検討することをいいます。そして手段と結果を関係づけることで「もう少し大げさにスタッカートを付けてみよう」と次の行動の手がかりを得ることができます。

【手段と結果の関係づけ】では，手段がどうだったのか，結果を検討することが必要になるため，例えばタブレット端末やICレコーダーなどに自分たちの声を録音して聴いてみるなど，自らの表現を客観的に聴く活動が有効です。例えば《ゆかいに歩けば》の歌唱を工夫する場面で，出だしの「ゆかいに　あるけば〜」のところをスタッカートを付けて歌ってみた声を録音して客観的に聴いてみます。すると「思っていたよりもあまり弾んだ感じが伝わってこない」と感じることもあります。このようにここでは「楽しい感じを出す」という目的を実現するために「声を切って歌う」という手段がどうだったのか，録音した音源を再生することで，結果を検討することが可能になります。

価値づけ

● 自ら知覚・感受したことを根拠に，音や音楽を自分にとって価値あるものとしてとらえること

【価値づけ】は自らの【知覚・感受】を拠りどころとして，その楽曲に対して自分にとっての価値を見いだし，楽曲全体を味わう際の支えとなるものです。鑑賞のみならず表現活動においても「ここの音がどんどん上がっていくところが好きだからクレッシェンドにして歌ってみよう」といったように，楽曲の部分を特定して自分なりの価値を見いだし表現を工夫していくこともあります。

ここでいう【価値づけ】は単に「この曲は好き」「この曲はあまり好きではない」などと，

13

楽曲の好き嫌いを判断することとは異なります。楽曲の部分を特定して「自分にとってこの曲はこういう価値がある」と具体的に言及することに意味があります。そのときに手がかりとなるのが自分で【知覚・感受】した内容です。例えば〈白鳥〉を聴いて「チェロの響きにピアノの伴奏が重なっているところが，湖の水面がきらきらしている感じが伝わってきて好きです」といったように，【知覚・感受】したことを手がかりに，自分の気に入った音楽の場所を特定して言葉にして伝えることが【価値づけ】になります。

　ここで重要なのが「自分にとっての価値」という点です。なぜならそれは，学習者と教材である楽曲とが具体的な接点をもつことを意味するからです。漠然と「この曲いいなあ」ととらえるのとは違って【価値づけ】では「自分はこの曲のこういうところが好き」と，学習者の主体性が全面に押し出されます。自分にとっての意味を増やしていくことは自らの経験を再構成することになります。【価値づけ】は楽曲と相互作用しながら意味生成していくという，経験を再構成していくうえでなくてはならないものです。

構　想

● 自らもったイメージを根拠に，音や音楽の部分部分を結びつけて全体としてのまとまりをもたせること

　【構想】は【知覚・感受】してきたことや表現のためのアイデアを再構成し，一つのまとまりのある音楽を形づくったり，音楽全体をまとまりあるものとして捉えなおしたりするという，音楽経験をひとまとまりにするときに中心的役割を果たします。

　【構想】は表現と鑑賞の両方の活動で発揮されます。例えば《ゆかいに歩けば》の歌唱の場合，最初のところは弾む感じでこれからピクニック気分で向かう楽しさを表現し，途中の「バルデリー」からは山に向かって遠くへ響かせて，最後の「ゆかいなたび～」は到着したような安心感でといったように，楽曲の各部分をイメージを手がかりにして関連づけて歌唱表現全体をとらえなおすときに発揮されます。また鑑賞の場合は例えば《ノルウェー舞曲第2番》で最初はゆったりと散歩しているけど，途中で嵐がきて，そしてまた穏やかな日常に戻るといったように，それぞれの部分を関連づけて楽曲全体を統一したイメージをもってとらえなおすときに発揮されます。

　授業では音楽の部分について【知覚・感受】したりイメージをもったりする過程を経て，最終的には楽曲全体をつながりをもってとらえなおし，統一感を意識して歌唱表現したり，楽曲を味わったりすることが目指されます。部分部分で捉えていた音楽を全体としてとらえなおすという，ここでも経験のつくりかえが行われていることから，この【構想】も経験のつくりかえに貢献する大事な機能といえます。

「音楽的思考」を支える五つの機能の関係

このように「音楽的思考」は音楽活動の一連のプロセスにはたらく能力であり，そのプロセスを推進するものとして【知覚・感受】【発想】【手段と結果の関係づけ】【価値づけ】【構想】という五つの機能があることがわかりました。これら五つの機能は別々にはたらいているのではなく，図2のように常に関連し合ってはたらくことで「音楽的思考」が推し進められます。

なかでも【知覚・感受】は常に中核にはたらいており，「音楽的思考」を一貫して推し進める役目を果たしています。そして【手段と結果の関係づけ】により学習者は自らの表現を振り返り，イメージが伝わる表現になっているかどうか，省察を繰り返します。そのたびに「もっとこうしたらどうか」という【発想】がはたらき，次の行為が導かれ，音楽全体をどう表現していこうかと全体に目を向けるようになる【構想】がはたらきます。鑑賞では「自分はこの曲のこういうところが好き」という自らの【知覚・感受】を手がかりとして【価値づけ】が発揮され，それらを拠りどころとして楽曲全体を味わっていこうとする【構想】が発揮されます。

このように「音楽的思考」には【知覚・感受】【発想】【手段と結果の関係づけ】【価値づけ】【構想】という五つが機能しており，【知覚・感受】が通底しながら【手段と結果の関係づけ】【発想】【価値づけ】がはたらき，最後には音楽をひとまとまりに形づくったり，味わったりするという【構想】のはたらきによって，当初の経験とは違った新しい経験へと音楽経験はつくりかわります。経験を再構成するという音楽活動において，五つの機能が関連し合ってはたらくことにより，「音楽的思考」が推し進められるのです。

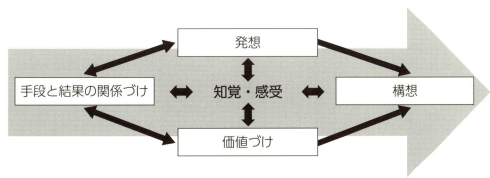

図2：音楽的思考の構造モデル

（清村百合子）

1-2 音楽的思考を育む学習過程

音楽的思考を育む学習過程

　これまで繰り返し述べてきたように，21世紀になったいま，音楽科では音楽的思考の育成に注力すべき時代が到来しています。そこで本書はまずは音楽的思考とは何かを理解すべく，その内容について具体的な例を挙げながら解明してきました。では音楽的思考はどうすれば育つのでしょうか。「これからの学校教育では思考力の育成が大事です」というキーセンテンスに対して，本書では一つの具体策を提案したいと思います。

　思考力は自然に身につくものではありません。学校での意図的な教育活動をとおしてはじめて育つといえます。子ども自身が音楽的思考をはたらかせる場があってはじめて音楽的思考は育ちます。逆にいえば，思考をはたらかせる場のない音楽の授業では，思考力の育成は期待できないでしょう。例えば教師が歌い方を教え込むような20世紀型の授業では音楽的思考が育まれる機会は皆無といってよいでしょう。なぜならそこで優先されているのは教師の指示を忠実に再現することであり，子ども自身が自分の考えや感じ方を表に出すという音楽的思考を発揮できるような機会はほぼ与えられていないからです。

　では，子ども自身が音楽的思考をはたらかせ，それにより音楽的思考が育つ授業とは一体どのような授業でしょうか。それは一言でいうと子どもを学習の主体にすればよいのです。先の20世紀型の授業では，いわば教師が学習の主体でした。音楽的思考を重視するのであれば，学習の主体を教師から子どもへ転換する必要があります。子どもを学習の主体にするとはすなわち子ども自身が能動的に音楽とかかわり，自分のイメージをもって考えを深め，表現していく授業です。言い換えれば子ども自身が自分ごととして音楽に向き合い表現を形づくっていく過程であり，そういう場でこそ音楽的思考が存分に発揮されるのです。

　では子どもが主体になる学習とは，具体的にどういう過程を辿るのでしょうか。その鍵はアメリカの哲学者であるデューイ（Dewey, J.）の教育の原理である「経験の再構成」という考え方にあります。デューイは経験を「人間と環境との相互作用」として捉え，「人間が環境にはたらきかけ，はたらき返される」という相互作用によって経験の意味を増加させて自身の経験をつくりかえていくものと考えています。そしてデューイはこの「経験の再構成」そのものが教育であると主張しています[*5]。

　音楽科における「経験の再構成」とは，子ども自身が直接音・音楽にはたらきかけるとい

う相互作用を学習の基盤として子ども自身が意味を見いだし，自分の音楽経験をつくりかえ
ていくという学習過程です。あらかじめ決められた目標に向かって教師に導かれて子どもた
ちが努力するような授業ではなく，子ども自身が音・音楽と相互作用するなかで，「自分は
ここが好き」や「自分はここをこう歌ってみたい」と自分なりの考えをもち，表現をつくり
かえていく過程そのものが授業になります。「経験の再構成」に基づいた授業では学習者自
身が主体となって音・音楽にかかわっていくことになるため，必然的に音楽的思考をはたら
かせざるを得ない状況が生まれます。音楽的思考を積極的にはたらかせることで，結果的に
音楽的思考は育まれることになります。

　本書はデューイの「経験の再構成」という考え方に着目し，音楽的思考を育む学習過程と
はいったいどういう道筋をたどるのか，そこで音楽的思考はどうはたらいているのかについ
て紐解いてみたいと思います。

「経験の再構成」としての学習過程

　「経験の再構成」のプロセスは，デューイにいわせれば「探究」あるいは「問題解決過程」
と同義になります。そこで「経験の再構成」をデューイのいう「探究」ととらえなおし，デュー
イの「探究」理論を手がかりにその過程をみていくことにしましょう。

　デューイのいう「探究」の筋道をごくシンプルにいうと「不確定状況から確定状況への変
容」です*6。環境にはたらきかけるなかで何かしらの不調和が生じたとき,ふと「あれ？」「お
や？」という戸惑いを感じることがあります。これが「不確定状況」です。そして人間はこ
の「あれ？」という戸惑いを解消したくて意識的に環境に働きかけるようになります。そこ
で「探究」が始まるのです。その結果，戸惑いは解消されて「確定状況」になります。この
一連の過程が「探究」の道筋です。

　ここで重要なのは，「経験の再構成」つまり「探究」を起こすためには，何かしらの変化,
抵抗が必要ということです。変化や抵抗がない，つまり物事が順調に進んでいるときはとり
たてて「探究」は始まりません。何かしらの邪魔ものが入ることで人は戸惑いを感じ，戸惑
いを解消するために思考が始まり，経験のつくりかえが起こります。音楽の授業でいえば漫
然と歌を歌ったり合奏したりしているだけでは，経験のつくりかえは起こらないのです。学
習者の経験をつくりかえていくためには，授業において何かしら意図的な活動が必要です。

　では「経験の再構成」という学習過程について，授業を例に考えてみましょう。ここでは
ＡとＢで極端なコントラストをもつグリーグ作曲《ノルウェー舞曲第２番》の鑑賞の授業を
例にあげてみます。まずはＡの部分（♩＝76）に合わせて子どもたちが楽しく足踏みをし
ている姿を思い浮かべてみましょう。こうした音楽と一体となった，何の戸惑いも感じず,
活動に没頭する嬉々とした状況は「確定状況」といえます。Ａの部分に合わせて十分に足
踏みを経験したところで「実はこの曲には続きがあります」とＢの部分（♩＝112）を聴か
せます。すると途端にいままでの足踏みでは合わなくなってしまい，大抵の場合，ここで子
どもたちは「あれあれ？」と慌てふためきます。この状況こそが「不確定状況」です。この

ような「戸惑い」「ずれ」「驚き」といったものの正体を知りたいと思うのが人間であり，それを解消したくなるのです。正体を知るために意識的に環境にはたらきかけるようになり，ここから探究が始まるのです。例えば「どうしていままでの足踏みでは合わなくなってしまったのだろう」とBの部分をもう少しじっくり聴いてみようとするかもしれません。足踏みを手拍子に変えてみて，AからBにかけて音楽の何がどう変化しているか，じっくり観察（聴く）してみるのです。すると急に速度や強弱が変化したことに気づきます（知覚）。同時に「最初は楽しくお散歩している感じだったのに，急に嵐がきたみたいになってびっくりした」と感受するかもしれません。そして「なるほど，この曲はABAという形式になっていて，途中で速度や強弱が変わることで音楽の感じも変わるのか」と納得する，つまり「確定状況」になります。この道筋こそが「不確定状況」から「確定状況」への変容であり，「経験の再構成」としての学習過程になるのです。

「経験の再構成」の基本的なサイクル

　では「不確定状況」から「確定状況」の変容を「経験の再構成」という観点から見なおした場合，どのようなサイクルになるでしょうか。それは「直接的経験—反省的経験—新しい直接的経験」というサイクルになるといいます[7]。

①　直接的経験

　最初の直接的経験とは「不確定状況」に陥る前提となる「確定状況」のことを指します。「確定状況」では学習者が音・音楽と相互作用しますが，その相互作用がとても順調に行われている状態を指します。先の例でいえば《ノルウェー舞曲第2番》のAの部分に合わせて足踏みをする場面で，足踏みが音楽と合っていて何の問題もなく順調にコトが進んでいる状態をいいます。ここで大事なことは順調にコトを進ませるために，むずかしい課題や困難な内容であってはいけないということです。誰もが参加できて無理なくできる活動であり，かつ自分の身体諸器官をはたらかせていることが，最初の「直接的経験」の条件になります。

②　反省的経験

　順調にコトが進んでいたところに環境が変化するとその順調さは失われ，戸惑いが生じます。それが「不確定状況」で，この戸惑いの正体を探ろうと環境へのはたらきかけが始まります。それまでの自身の経験がいったいどうなっていたのかを振り返る（reflect）ことから，この段階は「反省的経験」と呼ばれます。

　「反省的経験」では学習者は自分が戸惑いを感じた状況は何がどうなっていたのか，探り始めるのです。戸惑いを感じた部分のみを取り出してじっくり観察（聴取）してみたり，手拍子や図に表したりするなどして，あらゆる手段を講じて戸惑いの正体を探ろうとします。そして「この曲はABAという形式になっていて，途中で速度や強弱が変わることで音楽の感じが変わる」といったように，いままでの自分にはなかった新しい意味が付与されて，音楽をみる目が変わるのです。これこそが「経験がつくりかわった」姿といえるでしょう。

③　新しい直接的経験

　新しい意味を得た学習者はそれを生かしてさらに新たな音楽経験へチャレンジしたくなります。これが「新しい直接的経験」となります。例えば《ノルウェー舞曲第２番》の極端なコントラストを生かして物語を創作してみたり，その極端な変化に合わせて身体表現をしたりすることもあるかもしれません。つまり新しく得た意味を活用して《ノルウェー舞曲第２番》をより豊かに味わおうとする方法を模索し始めるのです。このように「新しい直接的経験」は最初の「直接的経験」とは明らかに違うステージに進んだといえるでしょう。

　以上のように「不確定状況」から「確定状況」へ変容していく「探究」の過程を「経験の再構成」として捉えなおすと「直接的経験—反省的経験—新しい直接的経験」というサイクルになり，このなかで「不確定状況」と「確定状況」が繰り返し起こることで，学習者自身の経験の意味が増加し経験そのものがつくりかえられていくことになります。このように「経験の再構成」では学習者自身の身体や感覚器官をはたらかせて「直接的経験—反省的経験—新しい直接的経験」というサイクルを基本として，学習が進展していきます。

「経験の再構成」にはたらく音楽的思考

　では「直接的経験—反省的経験—新しい直接的経験」という経験がつくりかえられていく過程に，音楽的思考はどのようにはたらいているのでしょうか。サイクルに沿ってみていきましょう。

　まず「直接的経験」では学習者自身が対象である音・音楽に直接はたらきかけます。音楽に合わせて足踏みをしてみたりフレーズ唱をしてみたりするなど，順調に音楽活動を行っている状況です。すなわち学習者と音楽とが一体になっているといえるでしょう。学習者が音楽へ能動的にはたらきかけようとする相互作用の矢印を発動させることがねらいなので，【興味】のはたらきが前面に出ます。そのとき音高を意識して声を出したり音楽の速度に合わせて足踏みをしたりしているため，潜在的には音楽的思考もはたらいているといえますが，「直接的経験」ではむしろ音・音楽に能動的にかかわろうとする【興味】が前面に出て相互作用の状況をつくり出しているといえるでしょう。

　ところが「不確定状況」に陥り戸惑いを感じ「反省的経験」が始まると，音楽的思考が発揮されるようになります。なかでも戸惑いの正体を探るために音楽の何がどう変わったのか，つまり音楽の要素について注意を向けることから【知覚・感受】が前面にはたらくようになります。じっくり音楽を観察して，要素のはたらきを【知覚】し，それが生み出す特質を【感受】し，表現するための手がかりを得ようとします。

　「反省的経験」で新しい意味を獲得した学習者は，獲得した意味を生かして次なる表現へチャレンジしようとします。これが「新しい直接的経験」の始まりです。「ここをもっと弾ませて歌ってみたらどんな感じになるだろう」と【発想】をはたらかせてさまざまな演奏方法を試してみるなどアイデアを出し合って試行していきます。また結果を振り返って「もっ

と軽く演奏したほうが楽しい感じが出るよね」と自分がやってみた結果を振り返るという【手段と結果の関係づけ】も積極的に関与します。アイデアを出しては実験してみるという行為の繰り返しによってイメージはどんどんつくりかえられ，表現そのものも変わっていきます。鑑賞活動においても，【知覚・感受】したことを手がかりに「この曲のこういうところがいい」と【価値づけ】をはたらかせたり，【構想】によって楽曲全体を一つのまとまりある音楽として味わったりします。このように「新しい直接的経験」の段階ではイメージに合うように問題解決過程として展開されていくことから，特に音楽的思考が活発にはたらく段階であるといえるでしょう。そして自分のイメージにぴったり合う表現が完成すると子どもたちは満足し，経験は一つの区切りをもって終わるのです。

「直接的経験—反省的経験—新しい直接的経験」という「経験の再構成」のサイクルにおいては学習者は自分で自分の経験をつくりかえていくために，思考をはたらかせざるを得ない状況に置かれます。自らもった違和感や戸惑いの正体を探るために「いったい音楽がどうなっているのか？」と音楽的思考を積極的にはたらかせて音楽とじっくり向き合うことになります。また「この旋律を生かしてここをもっと盛り上げて歌ってみたい」とイメージの実現のためにアイデアを出したり試行錯誤したりする場面でも，音楽的思考は活発にはたらきます。「経験の再構成」のサイクルでは音楽的思考を発揮せざるを得ない場面がたくさん用意されており，思考をはたらかせることによって経験はつくりかえられていきます。経験のつくりかえでは思考をはたらかせると同時に，思考が育つ契機がもたらされているといえるでしょう。

このように「経験の再構成」としての学習過程をたどることで，自ずと音楽的思考を発揮する機会に恵まれ，同時に音楽的思考が育まれることが期待できます。子どもの経験をつくりかえていくことに主眼を置いた学習過程をとることで，音楽的思考は育つといえるでしょう。

(清村百合子)

第2章

音楽的思考の育成を軸とした資質・能力スタンダード

2-1

音楽的思考の育成を軸とした資質・能力スタンダード

音楽的思考の育ちをどうとらえるか

本書では経験の再構成を理論的根拠として，音楽の授業で育成する資質・能力とその学習過程について述べてきました。第1章1節では音楽の授業で育成する資質・能力のなかでも重要視されている音楽的思考とは何かについて具体的に示しました。第1章2節では音楽的思考を育む学習過程について述べてきました。

では実際の授業のなかで，音楽的思考の育ちをどうとらえればよいでしょうか。音楽的思考は見えにくい学力の代名詞として評価のむずかしさが指摘されてきましたが，授業で音楽的思考を育むためにはその育ちを把握し，評価することが必要です。教師は音楽的思考を発揮する子どもの姿から思考の発展をとらえ，育んでいくことが求められます。ここではこれまで見えにくいとされてきた音楽的思考の育ちをどうとらえていけばよいか，具体的な手がかりを提案したいと思います。

音楽的思考の育ちを把握するうえでのポイントは，「学びのプロセスに着目すること」と「子どもの内面を把握すること」の2点にあります。これら2点を中心に，子どもの音楽的思考を把握するとはどういうことか整理したいと思います。

① 学びの結果ではなく学びのプロセスに着目すること

経験の再構成に基づいた授業では子どもが主体となって音・音楽にかかわっていくなかで音楽的思考をはたらかせて音楽表現を形づくり，鑑賞活動を深めます。音楽的思考はこうした表現活動や鑑賞活動の一連のプロセスにはたらく能力です。音楽的思考は学習の結果として「こういう力が身についた」と客観的に判断できるような資質・能力ではなく，学習のプロセスにおいて「こう発揮されている」「こういうことができている」とその育ちを動的に把握する能力です。言い換えれば音楽的思考の育ちは「ある到達目標に照らし合わせてできているかできていないかという結果を見る」のではなく，子どもが自分の経験をつくりかえるために「思考をどうはたらかせているか」という学びのプロセスに着目して初めて見えてくるものです。第1章1節でも他者と協働して自分の経験をつくりかえていくという社会的構成主義による学習では，学習の結果ではなく，学習のプロセスにはたらく力を学力としてとらえると述べてきました。

このように音楽的思考は経験をつくりかえていくプロセスにはたらく力であることから，

音楽的思考を育てるためには，子どもの学習のプロセスを動的に把握し，そこで資質・能力がどうはたらき，どう育まれているかに着目することが重要です。

② 子どもの内面を把握すること

音楽的思考を把握するためのもう一つのポイントは「子どもの内面を把握すること」です。思考はそもそも子どもの内面ではたらいているので，本来，授業のなかで目に見えて観察できるようなものではありません。では本来は見えていない子どもの内面のはたらきをいかにして把握すればよいのでしょうか。それは「教師が洞察力をもつこと」と「子どもの内的思考が顕在化するような授業を工夫すること」の２点にあります。

１点目の「教師が洞察力をもつ」とはどういうことでしょうか。洞察するとはそこで起きている事実を観察したうえで，その奥にある本質を見極めることです。例えばある子どもが歌唱活動で何度も歌い方を試している姿が見られたとします。こうした子どもの能動的な姿の観察をとおして，その子が何に注目してどういう表現を目指そうとしているのかといった，その子の思考のはたらきを教師が見極めること，これが洞察力になります。ただし洞察は教師の主観や推察によるものではなく，何かしらの事実に基づいて行うことが肝要です。

そこで２点目の「子どもの内的思考が顕在化するような授業の工夫」が必要になるのです。先の歌唱の例でいえば，ホワイトボードを使って楽譜に工夫を書き込ませることで「キラキラのところをより弾む感じが出るようスタッカートを強調して歌おうとしている」ことが読み取れます。内的思考が顕在化する方法として，ワークシートやホワイトボードなどの共有ツールの活用や教室空間の工夫，知覚・感受したことの交流など，環境構成や場の設定が考えられます。

音楽的思考は内面ではたらく能力であることから，音楽的思考の育ちを把握するためにはまずは音楽的思考が顕在化するような授業をデザインし，そこに現れた事実に基づいて教師が子どもの内的なはたらきを把握する洞察力を身につけることが大事になります。

音楽的思考の育成を軸とした「資質・能力スタンダード」の開発

音楽的思考を育成するためには「学びのプロセスに着目すること」と「子どもの内面を把握すること」の２点を意識する必要があると述べてきました。

しかし日々の授業実践のなかでこれら２点を取り入れることは大変むずかしいことです。そこで本書は２点を実現するものとして，音楽的思考の育成を軸とした「資質・能力スタンダード」を開発しました。「資質・能力スタンダード」とは「資質・能力の育ちを実現している子どもの具体的な姿」のことです。第１章１節で「音楽的思考」には【知覚・感受】【発想】【手段と結果の関係づけ】【価値づけ】【構想】の五つの機能があることを示しましたが，実際の音楽活動でこれら五つの機能は具体的にどういう姿となって現れているのか，それを発達段階別に示したのが「資質・能力スタンダード」です。

近年わが国でも「目標に準拠した評価」についての議論が盛んになるなかで，スタンダードという用語が散見されるようになりましたが，本書の「資質・能力スタンダード」はいわ

ゆる評価基準や達成すべき水準ではありません。先ほど述べたとおり音楽的思考は学習のプロセスにはたらく力であって，何かしらの到達目標を設定してそれができたかどうかで判断できる能力ではないからです。

「資質・能力スタンダード」では音楽的思考をどのようにはたらかせているか，その状態をできるだけ具体的な言葉で示すようにしています。「資質・能力スタンダード」の特徴は「学びのプロセスにはたらく力を可視化したこと」と「子どもの思考のはたらきを具体的な文言で示したこと」「資質・能力の育成を可視化したこと」の３点にあります。

学びのプロセスにはたらく力を可視化した「資質・能力スタンダード」

子どもが自分の経験をつくりかえていく「生成の原理」による音楽の授業では，【コミュニケーション】を土台として【興味】【思考】【知識・技能】が有機的に絡まって音楽活動が展開していきます（第１章１節）。したがって資質・能力を育むためには，結果としてどのような【知識・技能】が身についたかだけに注目するのではなく，学習のプロセスでどのような能力が発揮されているのかという音楽的思考を軸として【コミュニケーション】【興味】【音楽的思考】【知識・技能】という四つの能力を連続的に把握する必要があります。

そこで「資質・能力スタンダード」は【コミュニケーション】【興味】【音楽的思考】【知識・技能】の４項目で構成することにしました。【音楽的思考】を中軸としながら，学習のプロセスでどういう能力が発揮されていくかを具体化しています。

子どもの思考のはたらきを具体的な記述で示した「資質・能力スタンダード」

「資質・能力スタンダード」では音楽の授業で見られる子どもの姿をできるだけ具体的な記述で示すように心がけました。なぜならできるだけ具体的な記述にすることで，実際の音楽の授業で教師が子どもの内面を捉える際の手がかりとなり得るからです。例えば小学校中学年の「音楽的思考」の【発想】の欄には「イメージを根拠に表現媒体を用いて，発見したアイデアを伝え合っている」とあります（表１）。単にアイデアを出しているだけで【発想】がはたらいていると判断するのではなく，「イメージに基づいていること」「声や音などの媒体を用いていること」というキーワードを加えることで，子どもの行為から【発想】という思考のはたらきを具体的に読み取ることが可能になります。

このように「資質・能力スタンダード」は，音楽の授業で見られる子どもの姿をできるだけ具体的に記述している点に特徴があります。

資質・能力の成長を可視化した「資質・能力スタンダード」

デューイは教育そのものが経験の連続的なつくりかえの過程であり，絶えざる経験のつくりかえが発達そのものであると述べています[8]。経験の再構成という理論において，経験のつくりかえが繰り返されることで人間的成長が促されるととらえます。したがって就学前から小学校，中学校，高等学校に至るまで，子どもは環境との相互作用をとおして経験をつくりかえ，成長していくということになります。以上のことから，学校音楽教育において経験の連続的な成長を目指すうえで，経験の再構成としての成長の諸相を可視化する必要があると考えました。

表1　小学校中学年の「資質・能力スタンダード」例

項　目		内　容
コミュニケーション		音によるイメージの実現に向けて，他者へ興味を示し，音楽活動に参加している。
興　味		目的を意識して自分から積極的に音楽活動に取り組んでいる。
音楽的思考	知覚・感受	音楽の諸要素の特徴を知覚し，音楽が生み出す特質を感受し，それらを関連づけて身体や言葉，視覚的媒体などを使って具体的に表している。
	発　想	イメージを根拠に表現媒体を用いて，発見したアイデアを伝え合っている。
	手段と結果の関係づけ	イメージを表現するための手段がどのような結果をもたらしたのか，言葉などで振り返っている。
	価値づけ	自分の気に入った音や音楽を選択し，知覚・感受に基づいた理由を人に伝えている。
	構　想	イメージを根拠に，音や音楽の部分を関連づけている。
知識・技能		イメージを表現し，伝えるために，表現媒体や用語を適切に使っている。

そこで，日本学校音楽教育実践学会の課題研究プロジェクトでは，就学前から小学校，中学校，高等学校という12年以上にわたる学校音楽教育において資質・能力はどう育っていくのか，実践研究を蓄積し，その諸相について分析してきました[*4]。そして実践研究における子どもの具体の姿を手がかりとして，就学前から高等学校までの成長を示したのが「資質・能力スタンダード」になります。

先の例でいえば【発想】は小学校中学年では「イメージを根拠に表現媒体を用いて，発見したアイデアを伝え合っている」となっていますが，これが中学校になると「イメージを根拠に表現媒体を用いて他者と協力して新しいアイデアを出し合っている」と変化しています（表2）。中学校ではより協働的な学びが充実し，他者を意識したり，他者の意見に関心を向けたりする姿勢の育成が期待できることから，中学校の【発想】では，他者と協力して第三の新しいアイデアを生み出す姿を示しています。

表2 【発想】にみる成長の諸相

発達段階	【発想】の「資質・能力スタンダード」例
就学前	音を鳴らしたり，身体を動かしたりするなどして，自分のなりのイメージを形成し，音や動きでそのアイデアを試している。
小学校低学年	イメージを根拠に表現媒体を用いてアイデアを試している。
小学校中学年	イメージを根拠に表現媒体を用いて，発見したアイデアを伝え合っている。
小学校高学年	イメージを根拠に表現媒体を用いて，他者と協力してアイデアを出し合っている。
中学校	イメージを根拠に表現媒体を用いて，他者と協力して新しいアイデアを出し合っている。
高等学校	イメージを根拠に，多様な表現媒体や方法についてのアイデアを出し合い，音楽活動に貢献している。

音楽的思考の育成を軸とした「資質・能力スタンダード」の活用

「資質・能力スタンダード」は音楽の授業で活用してはじめてその目的が果たされます。では「資質・能力スタンダード」を使えば，音楽の授業で何ができるようになるでしょうか。ここでは音楽科の授業実践における「資質・能力スタンダード」の活用方法として，次の2点を提案します。

子どもの行為から音楽的思考のはたらきを読み解く

「資質・能力スタンダード」を一つの指針にすれば，授業における子どもの行為にある意味を読み解くことが可能になります。ある子どもが《ゆかいに歩けば》の「おひさま　キラッ

キラ　風もあおい」の部分を何度も声に出して歌っている姿が見られたとします。これまでであれば「この子は繰り返し歌の練習をがんばっているなあ」と表面的な行為だけを評価しがちだったかもしれません。しかしながら「資質・能力スタンダード」を導入することによって，子どもの行為をみる目が変わってくるのです。例えば「資質・能力スタンダード」の小学校中学年の【発想】には「イメージを根拠に表現媒体を用いて，発見したアイデアを伝え合っている」とあります。つまりこの子は単に反復練習をしていたわけではなく，どういうスタッカートをつけると「キラッキラ」したイメージが伝わるのかアイデアを試しそのアイデアを他者に伝えている，ととらえることができます。「資質・能力スタンダード」を導入することで「ある部分を何度も声に出して歌っている姿」を単なる反復練習としてとらえるのではなく，「【発想】という思考をはたらかせて歌い方を工夫している」と子どもの思考のはたらきを具体的にとらえることができるようになります。ただし，あとで詳しく述べるように，このような思考のはたらきが可視化できるような場の設定（ここではホワイトボードへの記入）が必要になってきます。

音楽的思考が発揮できるような環境構成や場の設定の工夫

　「資質・能力スタンダード」のもう一つの活用としては，ここに示された姿が発揮されることを期待して教師が環境構成や場の設定を工夫することです。

　先の例でいえば，「イメージを根拠に表現媒体を用いて，発見したアイデアを伝え合っている」という【発想】が発揮されることを期待して，ホワイトボードを使って楽譜に工夫を書き込ませることも考えられます。ホワイトボードを使って考えを出し合うことで「『キラッキラ』のところをより弾む感じが出るようスタッカートを強調して歌おうとしている」ことを教師も子ども自身も意識することができます。音楽的思考は実際の行為をとおして進むものであることからアイデアが出されたとしても定着せず，消え去ってしまうこともあります。そこでホワイトボードを活用することでアイデアの定着を図り，さらには他者との共有を可能にします。

　日々の音楽の授業のなかで「資質・能力スタンダード」を意識することで，そこに示された姿が発揮されるような場の設定や環境構成を意図的に取り入れることができます。なお音楽的思考を育てる授業デザインについては第3章3節で詳しく述べています。

　「資質・能力スタンダード」を活用した音楽の授業が目指すところは，固定した目標に向かってひたすら突き進む成長ではなく，経験の絶えざるつくりかえによる成長です。その結果，子どもは新たな経験，新たな状況に対処する力を身につけることができるようになります。

　以上より「資質・能力スタンダード」は「できているか・できていないか」といったように学習評価のための物差しとして使うのではなく，子どもの内面で起きている音楽的思考のはたらきをできるだけ具体的にとらえ，それらが発揮できるような授業デザインの実現のために活用することを目指しています。

「資質・能力スタンダード」の手引き

　表3「資質・能力スタンダード」の表の読み方について説明します。「資質・能力スタンダード」の項目は第1章1節で述べた生成型学力に基づき，【コミュニケーション】【興味】【音楽的思考】【知識・技能】の四つから構成しています。それぞれについて「定義」「キーワード」「発達の視点」「各発達段階にみる具体の姿」について記述しています。

　「定義」（の内，音楽的思考）については，第1章第1節の「『音楽的思考』を支える五つの機能」に詳しく解説しているため，そちらを参照してください。「キーワード」は「定義」を理解するための鍵概念です。それぞれの資質・能力において着目すべきポイントを示して

表3　資質・能力スタンダード（各発達段階にみる具体の姿）[4]

資質・能力	下位項目	定義	キーワード	発達の視点	就学前	低学年
コミュニケーション		音楽活動における目的を共有し，その実現に向けて他者とかかわろうとすること	●他者への興味 ●目的の共有 ●参加	●他者とのかかわり方の変化	音とかかわった活動に参加し，他者と楽しさを共有している。	他者とイメージを共有して音楽活動に参加している。
興味		自らすすんで音や音楽にかかわろうとすること	●対象への興味 ●目的と手段	●目的実現までの時間の延長	音とかかわった活動に没頭している。	行為そのものに目的を見いだし，音楽活動に取り組んでいる。
音楽的思考	知覚・感受	音楽の諸要素のはたらきについて知り，それらのはたらきが生み出す特質を感じ取ること	●知覚・感受	●知覚・感受の対象が詳細かつ複雑 ●認識の拡がり	音や音楽を聴いて，身体や言葉（擬音語など），視覚的媒体を使って音楽が生み出す特質を表している。	音楽の諸要素の特徴を知覚し，音楽が生み出す特質を感受し，それらを関連づけて身体や言葉（擬音語など），視覚的媒体を使って表している。
	発想	自らもったイメージを根拠に音，言葉，身体，図などを用いてアイデアを出すこと	●試す（実験） ●アイデアの提案	●表出から交流へ	音を鳴らしたり，身体を動かしたりするなどして自分なりのイメージを形成し，音や動きでそのアイデアを試している。	イメージを根拠に表現媒体を用いてアイデアを試している。
	手段と結果の関係づけ	音や音楽へはたらきかけ，自ら選択した手段がどういう結果をもたらしたのか，手段と結果を関係づけて考えること	●目的—手段—結果の関係	●結果に対する手段の検討	イメージを表現するために手段を選択し，結果を生み出している。	イメージを表現するための手段がどのような結果をもたらしたのかに気づいている。
	価値づけ	自ら知覚・感受したことを根拠に，音や音楽を自分にとって価値あるものとしてとらえること	●感性による選択 ●根拠	●自己から社会への広がり	自分の好きな音や音楽を選んでいる。	自分の好きな音や音楽，気に入った部分を選択し，その理由を人に伝えている。
	構想	自らもったイメージを根拠に，音や音楽の部分部分を結びつけて全体としてのまとまりをもたせること	●関連づけ ●筋道	●全体のつなげ方	身体や言葉（ストーリー），視覚的媒体（ペープサート，絵本）などを使って，音楽の部分と部分を結びつけている。	身体や言葉（ストーリー），視覚的媒体（ペープサート，絵本）などを使ってイメージを核として音楽の部分と部分を結びつけている。
知識・技能		知覚・感受したことをもとに表現したいイメージを表すため，あるいは人に伝えるために，表現媒体（音，言葉，図，身体など）や用語を意識して使うこと	●イメージの表現 ●表現：媒体の活用 ●鑑賞：用語の活用	●活用できる媒体や用語の多様化	イメージしたことを声や音，動き，つぶやきなどで表している。	イメージを表現し，伝えるために，表現媒体（音，身体など）や用語を意識して使っている。

28

いています。「発達の視点」は就学前から小学校，中学校，高等学校に至るまで，各資質・能力がどのように発揮され，どう変容していくのか，発達段階という視点からみたときのポイントを示しています。「各発達段階にみる具体の姿」は「資質・能力の育ちを実現している子どもの具体的な姿」であり，それぞれの発達段階における音楽授業における具体的な姿の一例を示しています。

なお「各発達段階にみる具体の姿」は子どもの内的世界を洞察するための，あくまでも一例であり，これがすべての基準になるわけではありません。そのため「キーワード」や「発達の視点」を示しておくことで，汎用性をもたせ，実践の蓄積を通して，「各発達段階にみる具体の姿」が今後，更新されていくことを期待しています。

（清村百合子）

小学校		中学校	高等学校
中学年	高学年		
音によるイメージの実現に向けて，他者へ興味を示し，音楽活動に参加している。	音によるイメージの実現を目的として，他者と協力して音楽活動に参加している。	音によるイメージの実現を目的として，他者と協力し，意見を調整しながら音楽活動に参加している。	音によるイメージの実現を目的として，他者との意見交換や調整をとおして音楽活動に参加している。
目的を意識して自分から積極的に音楽活動に取り組んでいる。	目的とそのために必要な手段を選択して，積極的に音楽活動に取り組んでいる。	目的とそのために必要な手段を吟味し，試行を重ねて音楽活動に取り組んでいる。	活動の意味を自覚して，目的実現のための手段を選択し，試行を重ねて音楽活動に取り組んでいる。
音楽の諸要素の特徴を知覚し，音楽が生み出す特質を感受し，それらを関連づけて身体や言葉，視覚的媒体などを使って具体的に表している。	音楽の諸要素のはたらきについて知覚・感受し，それらを関連づけ，他者との交流をとおして詳細に表している。	音楽の諸要素やそれらの組み合わせによるはたらきについて知覚・感受し，それらを関連づけ，他者との交流をとおして自らの音楽認識を拡げている。	音楽の諸要素やそれらの組み合わせによるはたらきについて知覚・感受し，それらを関連づけ，他者との交流をとおして自らの音楽認識を拡げている。
イメージを根拠に表現媒体を用いて，発見したアイデアを伝え合っている。	イメージを根拠に表現媒体を用いて，他者と協力してアイデアを出し合っている。	イメージを根拠に表現媒体を用いて，他者と協力して新しいアイデアを出し合っている。	イメージを根拠に，多様な表現媒体や方法についてのアイデアを出し合い，音楽活動に貢献している。
イメージを表現するための手段がどのような結果をもたらしたのか，言葉などで振り返っている。	イメージを表現するための手段とそれによってもたらされた結果とを関係づけて検討している。	イメージを表現するための手段の妥当性を検討したうえで，その後の音楽活動に生かしている。	イメージを表現するための手段の妥当性を検討したうえで，それらを客観的に振り返り，その後の音楽活動に生かしている。
自分の気に入った音や音楽を選択し，知覚・感受に基づいた理由を人に伝えている。	自分の気に入った音や音楽を選択し，根拠をもって人に伝えている。	自分の気に入った音や音楽を根拠をもって選択し，その音楽が人々の生活や社会にとってどういう価値があるのか，人に伝えている。	自分の気に入った音や音楽を根拠をもって批評し，その音楽が社会にもたらす価値について人に伝えている。
イメージを根拠に，音や音楽の部分を関連づけている。	イメージを根拠に，音や音楽の部分を関連づけて，音楽をとらえている。	イメージを根拠に，音や音楽の部分を関連づけて，まとまりある音楽としてとらえている。	イメージを根拠に，音や音楽の部分を関連づけて全体を把握したうえで，まとまりある音楽としてとらえている。
イメージを表現し，伝えるために，表現媒体や用語を適切に使っている。	イメージを表現し，伝えるために，表現媒体や用語を選択し，適切に使っている。	イメージを表現し，伝えるために，表現媒体や用語を必要に応じて取捨選択し，それらを適切に使っている。	イメージを表現し，伝えるために，多様な表現媒体や方法，あるいは用語を適宜選択し，用いている。

29

2-2 音楽科における学習評価の問題点

なぜ学習評価は改訂を重ねてもむずかしいままなのか

　音楽科では，限られた授業時数にもかかわらず，歌唱共通教材曲のほか多様なジャンルの楽曲が教科書に掲載されています。そのうえ複数の教材曲を主題によってまとめ「題材」として構成する仕組みが，教科書や教師が作成する学習指導案の枠組みとなっています。このような枠組みのもとで，教育目標と結びついた学習評価の具体化は授業実践者の裁量に委ねられてきました。

　国立教育政策研究所教育課程センターにより『「指導と評価の一体化」のための学習評価に関する参考資料　音楽』（『評価資料』と略）が，校種別に公開されています。『評価資料』では音楽科の領域や分野ごとに，目標に準拠した評価（「個人の学習状況を，他者との比較ではなく，具体的な教育目標に照らして評価すること」[*9]）に基づく評価規準の設定の考え方，手続き，具体的な事例などが示されています。したがって授業実践者は『評価資料』に示されている内容を下敷きにして，評価計画を書いていくことが可能です。しかし『評価資料』の文言を音楽科授業で設定する「題材」に応じて変更するだけで学習評価を具体的に行うことは，極めてむずかしいのです。なぜむずかしいのか，ここでは『評価資料』と教科書を参照しながら現行の学習評価の問題点を二つ指摘します。

問題点(1)子どもの思考の拠りどころとなる指導内容のあいまいさ

　「指導と評価の一体化」を実現するためには，何を子どもの認識対象として取り上げて学習指導の対象とするのか，明確にすることが欠かせません。これが指導内容の焦点化の意義であり，一眼レフカメラで視たいものを焦点化してくっきりと浮かび上がらせるように，音楽事象から子どもの認識対象を指導内容としてあえて絞り込むことができれば，指導内容に対する学習状況の評価をとおして教育目標がどの程度達成されたか判断し授業改善に生かすことが可能になります。実際に現行学習指導要領においても，「※3：『音楽を形づくっている要素』には，中学校学習指導要領第5節音楽の『第3　指導計画の作成と内容の取扱い』の2（9）に示した『音色，リズム，速度，旋律，テクスチュア，強弱，形式，構成など』の中から，その題材の学習において生徒の<u>思考・判断のよりどころとなる主な音楽を形づくっている要素を適切に選択して記載する</u>」（『評価資料』の47頁）（下線は筆者添付）と説明さ

れています。しかし認識対象となる音楽を形づくる要素を指導内容として絞り込むことは思いのほかむずかしく，教材研究に時間をかけることが重要になってくるのです。また指導内容を焦点化して授業に臨んだとしても，実際に子どもたちが学んでいる様子から設定した指導内容に疑問が生じ，教材研究をし直すこともあります。

そのうえ，指導内容を焦点化できていない教科書の傾向にも問題があります。A社では音楽を形づくる要素を一つに絞り要素の用語（例えば「音色」）を使って主題が示されており指導内容が把握できますが，評価規準例を見ると要素が網羅的に示されています。B社では音楽を形づくる要素の用語によって主題が示されているとはいえず，評価規準例を見ても要素が網羅的に示されています。それは『評価資料』で示されている事例においても同様です。

以上のように，子どもが音楽活動をとおして学ぶうえで「思考・判断の拠りどころとなる」のは何か，『評価資料』や教科書の記載レベルにおいて指導内容があいまいであるために，授業を実践する教師も何を指導内容として設定すべきか悩ましく，その結果として学習評価もしづらくなっているといえるでしょう。

問題点（2）思考（高次の能力）を評価する道具の未熟さ

「なぜ」「どのように」などを問いながら問題を解決するための思考（高次の能力）を育成するという目標に照らして学習評価を行う方法として，パフォーマンスに基づく評価（パフォーマンス評価）がクローズアップされ，ルーブリックの活用が推奨されています。松下佳代は「パフォーマンス評価とは，『パフォーマンス課題』によって学力をパフォーマンスへと可視化し，『ルーブリック』などを使うことによってパフォーマンスから学力を解釈する評価法」[*10]であり，パフォーマンス（表現）の背後にある思考力のような見えにくい学力を捉え授業改善につなげる教育評価だと説明しています。音楽科授業は子どもの演奏などのパフォーマンスが中心であり従前からパフォーマンスを評価してきたではないかとの意見も聞かれますが，そうではありません。音楽科におけるパフォーマンス評価の本質は，従来の音楽科授業で行われてきた演奏技能の評価ではなく，子どもの演奏などのパフォーマンスの背後にはたらいている音楽的思考の評価にあります。

しかし，音楽的思考をどのような質的な基準で評価するのか有効な手がかりとなり得るルーブリックの例示は，『評価資料』や教科書の指導書を見る限り乏しいのが現状です。ルーブリックは領域や分野，単元，教材などに対応して実際の授業で伝えるレベルまで具体的に書くことが望ましいものです。また，子どもが表したパフォーマンス（演奏，創作物，批評文など）の評価資料に基づいてルーブリックを吟味し，子どもの学習の事実に合わせてつくり変えていくことも必要です。ルーブリックとパフォーマンスの典型的な事例（アンカー作品と呼ばれる）をセットにして，アンカー作品を参照しながらルーブリックの記述語を解釈し評価に結びつけていくことも重要です。以上のような過程によって，音楽的思考を評価する道具として活用できるレベルのルーブリックをアンカー作品とセットで作成していくことが課題となっています。

（横山真理）

2-3 資質・能力スタンダードの活用による学習評価の可能性と課題

学習評価の観点からみた「資質・能力スタンダード」の可能性[*11]

　音楽科授業における学習評価は，パフォーマンスに基づく評価が基本です。それは，見えている子どもの表現（パフォーマンス）から見えない内面（音楽的思考を中心とした資質・能力）の育ちを洞察する方法です。音楽的な活動のなかで実現している学習状況を子どもの具体的な姿として示した「資質・能力スタンダード」は，内面への洞察を立体的にはたらかせる眼鏡の役割を果たします。「資質・能力スタンダード」を手がかりに，授業実践者は【興味】【コミュニケーション】【音楽的思考】（【知覚・感受】【手段と結果の関係づけ】【発想】【構想】【価値づけ】）【知識・技能】といったさまざまな視点から子どもの内面の育ちをとらえ意味づける（評価する）ことができます。このことは，「リズムよく歌が歌える」「自分の考えを人に伝えている」といった演奏や言語活動などの見える部分を直接的に見取ることに留まるのではなく，歌ったり言葉で伝えたりする行為や言葉の背景にどのような興味やコミュニケーションや音楽的思考の力がはたらいているのか，そのときにどのような知識や技能が蓄えられ思考の道具としてどのように活用されているかを洞察することを意味します。それが，音楽科授業におけるパフォーマンス評価の真髄です。

　もちろん，音楽科授業の実践前，実践途中，実践後に診断的評価や形成的評価を行い授業改善に役立てるためには，先に指摘したような音楽科授業の学習評価における二つの問題点を解決することが重要なポイントです。一つ目のポイントは，一つの単元あるいは一つの授業時間において子どもに意識させたいおもな「音楽を形づくる要素」を焦点化し，指導内容として設定することです。二つ目のポイントは，音楽的思考のような見えにくい学力を質的に評価するための道具としてルーブリックを作成し評価計画を立て，実践に活用しながらルーブリックを洗練させアンカー作品を量的質的に充実させていくことです。これら二つのポイントを実行することをとおして，音楽科授業におけるパフォーマンス評価を基本とした学習評価は，子どもの内面の充実発展という教育の目標に照らして実りあるものとなるでしょう。

　今回，試案として提示された「資質・能力スタンダード」は，音楽的思考を育て主体的な学びを支える授業デザインに欠かせない子どもの内面の成長を洞察する視点に立脚しています。「子どもがどう学んでいるのか」への洞察を軸に授業を実践し改善していく姿勢を崩さ

ないことは，まさしく学習者主体の授業を創造していくことにつながります。逆に学習評価を気にかけるあまり，見えない内面を評価できるかできないか，評価できそうな方法は何かという教師にとっての評価論を軸にするほど，どうしても子どもの豊かな内面の世界を捉えようとする軸からそれてしまいます。教師が満足のいくように評価結果を出すことが大事なのか，子どもの多様な表現の奥にある内面の成長の可能性を見いだすのが大事なのか，授業を実践する教師の仕事が子どもの内面の成長を洞察し内面にはたらきかけることを本質とする限り，後者を大事にしたいと思います。その点で，「資質・能力スタンダード」は，音楽的な活動をとおした子どもの内面の成長への洞察を基本として学習評価を考えていくうえで重要な手がかりを提供しています。

学習評価の観点からみた「資質・能力スタンダード」の課題

提示された「資質・能力スタンダード」自体は仮説的なものであり，今後も多様な授業実践の蓄積を基盤とした授業研究をとおして，子どもの内面の論理を十分反映した記述語として精錬させていくことが必要です。特に，子どもの内面，心理的な側面の発達の論理を踏まえた「資質・能力スタンダード」として実のあるものにしていく場合の課題を次のように指摘します。この仮説では，日本の学校教育制度をベースに発達上の区切りがなされていますが，心理学的な発達の知見を援用した場合は，「就学前」と一括りにすることには無理がありますし，学童期前期，学童期後期，思春期前期，思春期後期，青年期というように，認知的あるいは非認知的な諸力の発達の質的な転換点を捉えるような区切りを，音楽的思考を軸とした資質・能力の発達を捉える枠組みとして位置づけていくことが必要ではないでしょうか。また，「資質・能力スタンダード」は子どもの表現の奥にある内面の様相を捉えた知見ですが，「パフォーマンスを評価するスタンダード」である「パフォーマンス・スタンダード」と混同されやすい点には注意しなければなりません。学習評価の観点からいえば，生成の原理に基づく音楽科授業デザインにおける「学習評価スタンダード」を別に研究し作成する必要があるでしょう。その場合，本書で提案された「資質・能力スタンダード」と連結させて開発することが必要です。

いずれにしても，生成の原理に基づく音楽科授業デザインにおける「資質・能力スタンダード」や「学習評価スタンダード」の開発においては，スタンダードの文言を操ることに終始するのではなく，子どもの学習経験と教師の指導の過程の事実を真んなかに据えて，理論と実践を往還させながら研究し続けていくことが強く求められます。

音楽科授業における学習評価の手続き

最後に，見える音楽表現から見えない音楽的思考を洞察するという学習評価について具体的にどのような手続きが必要なのか，生成の原理に基づく音楽科授業におけるパフォーマンス評価の手続きを，図3（34頁）の①から⑥のとおり説明します。なお，以下の手続きは子どもの学びの状況を評価する教師の視点に立脚したものであり，子ども自身が自らの学びを

自己評価したり子ども同士で相互評価したりすることをとおして学びを振り返り学びを自己調整するための手続きを示したものではないことを断っておきます。

(横山真理)

音楽科授業におけるパフォーマンス評価の基本的な手続き

① 指導と評価の一体化及び学びの連続性の観点から，単元授業における指導内容を焦点化，明確化します。

② 以下の項目について評価計画を立て，学習指導案に位置づけます。

　　□ 単元目標に対応した評価規準の設定

　　□ 学力の三つの観点[*12] に基づく単元授業における観点別ルーブリックの作成

　　□ 観点別ルーブリックによる総括的評価を行う際に必要な評価資料の設定

　　評価資料の例　a. アセスメントシートの記述（観点1の知識，観点2，観点3）

　　　　　　　　　b. 授業の最中に活用されたワークシートの記述（観点3）

　　　　　　　　　c. 演奏の録音や録画（観点1の技能）

　　　　　　　　　d. 参考資料として，教師が録った授業中の子どもの言動や演奏の観察記録（観点1，観点2，観点3）

　　□ 経験—分析—再経験—評価の各段階の展開における診断的評価や形成的評価の観点と評価資料の設定

③ 授業計画，特に学びの内容・方法（授業の展開）とゴール（評価規準，ルーブリックの観点）を教師と子どもの間で共有します。

④ 単元授業の実践の過程で，ワークシートの記述や子どもの言動や演奏の観察記録を手がかりに診断的評価や形成的評価を行います。このときに，知識や技能の習得状況や学習への態度ばかりに目を奪われず，見えている子どもの言動や演奏を丁寧に観察しその奥にどのような音楽的思考がはたらいているのかを見ようとすることが重要です。そして，子どもの学びの状況に合わせて授業計画における教師のはたらきかけを柔軟に修正します。ただし，あらかじめ設定した指導内容，評価規準，ルーブリックの観点は変更しません。

⑤ 単元授業の終了後，ルーブリックに基づき総括的評価を行います。子どものパフォーマンスを質的に評価する基準として設定したルーブリックは，どのような記述や演奏や行動であれば音楽的思考がはたらいていると言えるのか，あるいは主体性や協働性が発揮されていると言えるのかについて解釈し判断する拠り所となります。特に，資質・能力スタンダードに示された内容を手がかりにすれば，「ここに知覚・感受がはたらいている」「この場面は手段と結果を関連づけて考えようとしている」「発想をはたらかせて表現のためのアイデアを出し合っている」など，音楽表現の具体的な過程の中で音楽的思考のはたらきをとらえていくことができるのではないでしょうか。さらに，ルーブリックの共有により，個の学びの状況に対する判断を複数の評価者の間で突き合わせて検討し評価結果を調整（モデレーション）することも可能です。

⑥ 以上の手続きによる評価の実践を振り返り，指導と評価についての計画を改善します。

図3：音楽科授業におけるパフォーマンス評価の基本的な手続き

第3章

音楽的思考を育てる授業デザイン

3-1 音楽的思考の発揮を促す授業デザインの視点

「音楽的思考」が発揮される授業とは

　第1章2節において,音楽的思考を育む学習過程は探究の過程となることを説明しました。音楽活動が探究の道筋をたどるとき,そこでは音楽的思考が発揮されます。

　順調に行われていた音楽活動が抵抗や障害に遭い,そこで感じた違和感や困惑を子ども自身が解消したいと感じると,探究が始まります。違和感や困惑の解消のために解決すべき問題を設定し,その問題解決のためのアイデアを出し,そのアイデアを実際に試す。音楽活動においてはアイデアは頭のなかだけで練り上げるのではなく,次々と音にして試し,実際にその特質をイメージをもって確かめて次へと進んでいく。こうしてアイデアの試行を積み重ねていき,眼前に生み出した演奏や作品と子どもの内面とがぴったりと合い,子ども自身が満足感を得たところで探究は終結します。

　子どもの音楽的思考を発揮させるためには,音楽授業において上記のような探究の道筋を実現する必要があります。授業者は,これを実現するにはどのような活動を計画すればよいか,どのような環境を設定すればよいかを考えて授業デザインを行います。

「音楽的思考」が発揮される授業デザインの視点

　では,子どもが音楽的思考を発揮するために,探究の道筋をたどる授業をどのような視点をもってデザインしていけばよいでしょうか。以下に,授業デザインの視点を示します。この視点を踏まえて「資質・能力スタンダード」を参照し,具体的な学習活動の計画,環境の設定をしていきます。そしてこの視点は,授業デザインの視点であると同時に形成的評価としての学習評価の視点でもあります。授業者には,以下の視点をもって子どもの姿を見取り,学習活動が探究の道筋をたどっているかを確かめて次の展開へとつなげていくことが求められます。

視点①「探究が行われる前提をつくる」

子どもが専心没頭して音・音楽と相互作用する場を設定する

　まず,子どもが自らの衝動性をもって専心没頭して音・音楽にはたらきかけることができるような活動を企画します。そして,その活動のなかで子どもが音・音楽からどういったこ

とを【知覚・感受】したのかを大まかに言語化させます。こうして子どもが音・音楽と相互作用の関係を打ち立てられるようにするのです。例えば，第4章の《春の海》実践で音楽に合う図形を選択し理由を述べること，同様に《ゆかいに歩けば》実践で楽しく歩きながら歌い，歌った感想を発言することは，子どもが専心没頭して音・音楽と相互作用する場となります。

抵抗や障害を設定する

順調な音楽活動のなかに抵抗や障害を設定し，子どもが違和感や困惑を感じて自身が行っている活動に意識を向ける場をつくります。例えば行っている活動に新たな視点や条件を与えたり，客観的に振り返る機会を設定したりすることが考えられます。それが指導内容を軸とした探究の契機となるよう，単元の指導内容を糸口にして活動を意識化できるような抵抗や障害を設定します。第4章の《箱根八里》実践でのアーティキュレーションの異なる歌い方を聴き比べる活動，同様に《春の海》実践での各班の図形楽譜を交流する活動は，抵抗や障害となります。

視点②「探究を推進する」

問題設定を促す

子どもが感じた違和感や困惑をそのままにせず，子ども自身が解決すべき問題を設定できるように促します。音楽活動での問題とは例えば「○○な感じを表すためにはどうしたらよいか」などです。問題設定を促す方法として，表現意図を言語化させ意識させることが考えられます。第4章の《箱根八里》実践では伝えたい情景はどういうものか，《魔王》実践では自分が感じた《魔王》の曲の魅力は何かという問いが子ども自身による問題設定を促しています。同様に《ゆかいに歩けば》実践での自身の演奏の録音再生も，子ども自身による問題設定に効果的です。

アイデアを試す場を設定する

問題を設定して，子どもに問題解決の可能性をもつ解決策のアイデアが浮かんできたら，そのアイデアをすぐに音にして試すように促します。《ゆかいに歩けば》実践，《箱根八里》実践では，浮かんだアイデアを実際に歌って試しながら，まとまりある歌唱表現を追究していくように学習活動が計画されています。子どもが音・音楽との相互作用のサイクルを回しながら問題解決に向かっていくことができるようにするには，アイデアを音にすることを促すだけでなく，その結果，表したい感じが表せたかどうかを適宜問うとよいでしょう。

探究の成果として生み出した演奏や作品を享受する場を設定する

演奏や作品，批評文が子ども自身にとって満足いく探究の成果として生み出されるようにします。授業者には，子どもが自らの表現意図を演奏等をとおして表せていると感じ満足しているか，子どもの様子に目を配ることが求められます。その満足感は，子ども自身が音・音楽との一体感を楽しみ，それを他者と共有することでより充実したものとなるため，単元の終末には演奏等の発表・交流の場を設けるようにします。

（藤本佳子）

3-2

音楽的思考を育てる単元構成の枠組み

生成の原理による単元構成

　第1節で述べられた音楽的思考を育てる授業デザインは，どのようにすれば具現化することができるのでしょうか。経験の再構成の理論と実践をつなぐのが「単元」です。「単元」とは「学習経験のひとまとまり」のことです。学習者の思考活動を基礎として教材構成と授業展開を有機的に関連づけるところから「単元」を構成します。音楽科では「単元」のほかに「題材」という用語が使われますが，「題材」は辞書的には「芸術作品・学術研究などの主題となる材料」[*13]という意味です。教育学においても「題材」は活動の材料を指す用語であり，活動そのものを指しません。「題材」が教材レベルで活動を展開させていくのに対して，「単元」は学習者の思考が連続的に進行するように，目的，教材，方法，評価を統合した学習経験の連続を図るとされます[*14]。つまり，どの楽曲を教材とするかという点に焦点を当てる「題材」に対して，「単元」は育成すべき資質・能力に焦点を当てています。

　音楽科で育成すべき資質・能力に言及する本書では，「単元」という用語を使用します。さらに，生成の原理による単元構成をするのに有効な［経験－分析－再経験－評価］の枠組みを用います。この枠組みは第1章で述べたデューイの経験の再構成の理論から生み出されたため，生成の原理による単元を構想するのに有効なのです。

単元構成の枠組み［経験―分析―再経験―評価］

　［経験－分析－再経験－評価］の枠組みに通底しているのは，「直接的経験－反省的経験－新しい直接的経験」のサイクルです。まずは歌唱，器楽，音楽づくり，鑑賞といった音楽活動に取り組んでみます。これが［経験］です。第1章2節や第3章1節でも説明したように［経験］では順調な音楽活動が行われます。そこに戸惑いが生じると「不確定状況」が起き，学習者は戸惑いの原因を明らかにしようとします。自分がはたらきかけた行為とその結果にどういう意味があったかを振り返るのです。これが［分析］に該当します。

　そして「反省的経験」によって「不確定状況」が解決されたとき「確定状況」となり，新しい「直接的経験」が行われます。これが［再経験］です。「直接的経験－反省的経験－新しい直接的経験」は［経験－分析－再経験］の枠組みに対応しており，最後の［評価］は「新しい直接的経験」の「反省的経験」という位置づけです。

このような「直接的経験−反省的経験−新しい直接的経験」の連続に「学習経験のひとまとまり」としての区切りを付けたのが［経験−分析−再経験−評価］の枠組みです。［経験−分析］で「直接的経験−反省的経験」を行い，［再経験−評価］でより深まりのある新しい「直接的経験−反省的経験」を行うのです。

［経験―分析―再経験―評価］の各ステップ

では［経験―分析―再経験―評価］の各ステップにおいて，どのような活動を行えばよいのでしょうか。各ステップについて詳しく見ていきます[*15]。

［経験］

［経験］は学習者一人一人が自分の手足や身体を使って環境にはたらきかけ，はたらき返される相互作用の段階のことです。音楽の授業で環境は音や音楽であり，相互作用は音楽活動になります。具体的には歌を歌ったり楽器を演奏したり気に入った音を見つけて構成してみたり，音楽を聴きながらステップを踏んだりするといった音楽活動です。

［経験］の段階で重要なのは次の2点です。一つ目は「誰もが参加できて無理なくできる活動」を行うことです。［経験］でのねらいは音や音楽との相互作用です。特定の技法が必要とか楽譜が読めなければできないということでは誰もが参加できる活動にならず，順調な相互作用ができないということになってしまい，「確定状況」をつくることにつながりません。そこで［経験］での活動は学習者が身構えることなくこれまでの生活や学校で身につけてきた知識・技能を使ってできること，またはちょっとした情報を与えればできる誰もが参加できて無理なくできる活動を行うことになるのです。

二つ目に重要なことは音楽を楽しむなかで「特定の音楽要素」に学習者の意識が向くように，環境を設定することです。音楽要素とは「音色，リズム，速度，旋律，強弱，音の重なり，和音の響き，音階，調，拍，フレーズ」などといった音楽の構成要素と「反復，呼びかけとこたえ，変化，音楽の縦と横との関係」などといった構成原理のことで，小学校学習指導要領に〔共通事項〕として記されています。「特定の音楽要素」とは，この〔共通事項〕から設定した指導内容のことを指します。

［分析］

［分析］とは［経験］を振り返って音楽的な意味を見いだす段階です。［経験］で順調だった学習環境を変化させて「不確定状況」を起こすことが求められます。「不確定状況」の要因は何かを明らかにするために意識を向けた特定の音楽要素のはたらきを知覚し，それが生み出す特質を感受する場面です。ここで重要なのは，対象となる音や音楽に対してイメージを形成することです。学習者一人一人がイメージをもつことがその後の活動を連続させるためにも重要となります。したがって，［分析］では特定の音楽要素の知覚・感受をとおして，イメージを形成することがねらいとなるのです。

さらに，形成されたイメージを音楽的に表現するためにはどうすればよいか，その手がかりをとらえさせる場面でもあります。イメージを音や音楽で人に伝えるために，音楽要素を

どう操作すればよいかアイデアを出し合うのです。ここでいくつかのアイデアを出し合い，表現の工夫へのヒントをつかむことによって［再経験］の活動がスムーズになるでしょう。

［再経験］

　［再経験］では，［分析］で知覚・感受をとおして形成したイメージをもとに表現することがねらいです。それは「新たな直接的経験」として最初の［経験］を発展させた活動になります。そのため教師は学習者が音や音楽と相互作用することをとおしてイメージを表現するために，手段をいろいろと試すことができる環境を設定します。学習者は音色を変えてみたりリズムを小刻みにしてみたり鳴らし方をだんだん弱くしてみたりというように，音楽の要素を操作し試してみてはイメージに合うと思う要素の関係を選択していきます。ここでは学習者にとって多少の挑戦や創意工夫の余地のある活動を設定することが重要です。つまり，［経験］からステップアップした経験が，［再経験］となるのです。

　鑑賞の場合は，身体表現をする，批評文を書くといった活動です。［分析］で学習した音楽の要素とそれらが生み出す曲想とのかかわりを楽曲全体から捉えなおし，楽曲に対する自分の解釈をつくり出します。そしてそれらを身体や言語を通して表に出すのです。

［評価］

　［評価］とは［再経験］の振り返りの段階です。ここでの振り返りは［再経験］の振り返りであり，単元全体の振り返りでもあります。

　ここでは学習者自身が最初の［経験］での自分と［再経験］での自分の違いを自覚し，自己の成長を認めることが期待されます。生み出された音楽作品を他者に聴いてもらい，制作者の意図と照らし合わせ，それが聴き手に伝わったかという観点から批評を交流するのです。

　同時にここでの［評価］は教師にとっても，学習者の学習状況を評価する場面です。一人一人が学習の前と後とでどう変容したかの評価を行います。指導内容の学習状況はアセスメントシートで確認し，鑑賞の場合は楽曲に対しての自分の味わいを批評文で表現することが考えられます。

アセスメントシート[*16]

　アセスメントは査定という意味です。質的評価の重要性が主張されるようになってきたことから，評価の分野でよく使われるようになってきました。価値判断（evaluation）をする前に，学習の状況がどうなっているかを把握することをいいます。そのための質問紙をアセスメントシートといいます。

批評文[*17]

　鑑賞の授業で学習した音楽の諸要素とそれらが生み出す曲想とのかかわりを，楽曲全体から捉えなおすことで，楽曲に対する自分の解釈をつくりだし，批評として記述したものです。それが感想文と違う点は，音楽の諸要素とそれらが生み出す曲想との関連づけが書いてある点です。

音楽的思考を育てる授業デザイン **第3章**

［経験―分析―再経験―評価］による授業デザイン

　では［経験―分析―再経験―評価］の枠組みによる授業デザインは，具体的にはどのように
にすればよいでしょうか。［経験―分析―再経験―評価］の枠組みは子どもの［経験］が連
続的に発展していく学習プロセスです。そのため各ステップは連続的に学習経験を発展させ
るための活動を設定します。各段階の目的は表4のとおりです。下線は各ステップの目的を
達成するための学習活動を考えるときのキーワードです。

表4　各ステップの目的[*18]

ステップ	目　的
経　験	誰にでもできる音楽活動で教材との相互作用を行わせ，〔共通事項〕からの指導内容に気づかせる。
分　析	〔共通事項〕からの指導内容を知覚・感受させ，教材を表現・鑑賞させるための手がかりを得させる。
再経験	ステップアップした経験となるように創意工夫（思考）の余地のある音楽経験（表現・鑑賞の活動）をさせる。
評　価	再経験や単元全体を振り返らせる。

　次に，上記の各ステップの目的に対応させた学習活動の例を，第1章2節で例示したグリー
グ作曲《ノルウェー舞曲第2番》を教材とした鑑賞の活動で示します（表5）。

表5　各ステップの学習活動の例《ノルウェー舞曲第2番》

ステップ	学習活動
経　験	《ノルウェー舞曲第2番》を聴いて音楽に合わせて足踏みをし，強弱と速度による曲想の変化に気づく。
分　析	強弱と速度を【知覚・感受】し，楽曲に対するイメージを表現する動きをつくるための手がかりを得る。
再経験	強弱と速度を意識してグループでイメージが伝わるよう動きをつくる。
評　価	動きをとおして味わったことをもとに鑑賞し，批評文を書き，強弱と速度についてのアセスメントシートに答える。

　まず［経験］では「誰にでもできる音楽活動」として，《ノルウェー舞曲第2番》を聴き
ながら足踏みをする活動を設定します。「教材との相互作用」は「聴いて動く」というはた
らきかけに対して，結果として音楽の何かに気づいたり感じたりすることをいいます。ここ
では楽曲を聴きながら足踏みをする（はたらきかける）ことによって，強弱と速度による曲
想の変化に気づく（はたらき返される）活動を設定しています。「〔共通事項〕からの指導内

41

容に気づかせる」は指導内容が「強弱と速度の変化」であることから，Aの部分で十分に足踏みに慣れたところでBの部分を聴かせる活動を設定します（足踏みに慣れた状況が音楽と一体になった「確定状況」です）。そこに「この楽曲には続きがあります」と言われてAの部分からBの部分へと続けて聴くことで，これまでの足踏みでは対応しきれなくなる状況（不確定状況）が生まれます。子どもたちはなぜ足踏みが合わなくなったか，どうして戸惑いが起こったかを考えようとします。すなわち「急に音が大きくなったように思う」「Bになったら突然速くなったのでは？」と，漠然と強弱と速度の変化に注意を向けるのです。

　［分析］では「指導内容を知覚・感受」するために，楽曲全体をとおして聴く活動を設定します。「不確定状況」になった要因である強弱と速度が楽曲のなかでどのようになっているかを，じっくり聴いて確かめる場を設定するのです。Aの部分とBの部分を比較して聴くことによって強弱と速度がどうなっているか知覚し，それによって醸し出される特質を感受します。知覚・感受したことをもとに「最初穏やかに散歩していたのに，急に嵐が来て逃げ惑っている」というイメージを形成するのです。次に形成したイメージを表現するために，「手がかりを得させる」活動を設定します。学習者がもった「穏やかに散歩している」「急に嵐が来て逃げ惑う」というイメージを身体で表現するためには，どんな動き方をすればよいかアイデアを出し試す場を設定するのです。

　［再経験］では［経験］での学習経験を発展させた「ステップアップした経験」が必要です。事例の［経験］では《ノルウェー舞曲第2番》に合わせて足踏みをするという学習経験を行いましたので，それをステップアップさせ強弱と速度による曲想の変化ということを理解したうえで，形成されたイメージを他者に伝えるために動きを工夫する活動を設定します。強弱と速度による曲想の変化を意識して身体表現する活動をとおして，Bの部分の反復や最後のAの部分の終わり方といったほかの音楽の要素にも意識を向け，新たなイメージを形成しながら音楽活動を行うことになるのです。

　［評価］の「再経験の振り返り」は，［再経験］での音楽活動を振り返ることです。ここでは身体を動かさずに再度楽曲全体を聴いて批評文を書き，発表交流する活動を設定します。身体表現したことをもとに楽曲全体を味わい，批評文によって自分なりの楽曲への解釈や味わいを表現します。「単元全体の振り返り」では単元で何を学習したかを振り返るために，〔共通事項〕からの指導内容である「強弱と速度の変化」についてのアセスメントシートに答える活動を設定します。それによって，指導内容が学習されたかどうかを確認するのです。

各ステップではたらく音楽的思考

　では，単元構成の枠組みの各ステップにおいて，「音楽的思考」はどのようにはたらいているのでしょうか。前節の《ノルウェー舞曲第2番》を例に考えてみることにします。

　経験の再構成にはたらく資質・能力は【コミュニケーション】【興味】【音楽的思考】【知識・技能】の四つです。【音楽的思考】には第1章1節で説明したとおり，【知覚・感受】【発想】【手段と結果の関係づけ】【価値づけ】【構想】の五つの下位項目があります。

音楽的思考を育てる授業デザイン **第3章**

【音楽的思考】は学習者が戸惑いを感じ，［分析］が始まるとはたらき出します。［分析］のステップでなぜ戸惑いを感じたか，その原因を探るため音楽の要素に注意を向けます。それが音楽の要素（設定された指導内容）の【知覚・感受】です。「Aの部分はゆっくりだけど，Bの部分になると急に速くなる」【知覚】，「だから，穏やかに散歩していたところ，急に嵐が来て逃げ惑っているようだ」【感受】と【知覚・感受】がはたらきます。このように音楽的思考は［分析］で音楽の要素を【知覚・感受】することからはたらきはじめます。

次に［分析］の後半では教材を鑑賞させる手がかりを得させるために，学習者がもったイメージを身体で表現するにはどうしたらよいかという発問がなされます。「穏やかに散歩するところは，ゆったり歩いてはどうだろう」「嵐が来るところは，走ってみたらいいのではないか」と身体の動きのアイデアを出し合うのです。ここではイメージを根拠に言葉，身体などを用いてアイデアを出すという【発想】がはたらいています。

［再経験］では［分析］の後半で出したアイデアを持ち寄ってイメージを詳細にしていくとともに，さらにアイデアを出し合い，実際に音楽に合わせて動いて試してみます。「最初は晴れて暖かい日に友達と二人で散歩している」から，「手をつないで楽しそうに足を一歩一歩踏みしめて歩こう」とアイデアを出し，音楽に合わせて動いてみます。【発想】を発揮して試し（実験し）てみるのです。そして試してみた結果を振り返って，「手も揺らしてみたほうが音楽に合って楽しそうではないか」と新たなアイデアを出します。ここでは音楽に合わせて動いてみた結果を振り返るという【手段と結果の関係づけ】がはたらき，さらに新たなアイデアを出すという【発想】もはたらいています。身体表現を試すなかで，Aの部分は「速度が遅くて弱いので穏やかに散歩している」「Bの部分は速度が速くて強いので急に嵐が来て逃げ惑っている」，最後のAの部分は「最初と同じなのでまた散歩に戻った」と部分ごとに【知覚・感受】し形成したイメージが「最初は晴れた日に二人で楽しそうに森を散歩していたら，急に雨雲が出てきて嵐になった。雨宿りができるところを探して逃げ惑っているうちに，雨がやんできた。そこでもう一度散歩をして森を抜けると空に虹がかかっていた」というように楽曲全体を統合してとらえられるようになってくるのです。ここでは音や音楽の部分部分を結びつけて全体としてもまとまりをもたせる【構想】がはたらいています。

［評価］では動きをとおして味わったことをもとに，鑑賞し批評文を書く活動を行います。そこでは「自分が一番好きなのは，最後に音がゆっくり伸びていくところです。なぜなら，楽しく散歩をしていたら，空に虹がかかってきれいだなというイメージが浮かんでくるからです」というように，自らの感性をもとに音楽を自分にとって価値あるものとしてとらえる記述が期待されます。このように批評文を書くことによって【価値づけ】がはたらきます。教材によっては［再経験］で批評文を書く活動が行われることがあり，その場合は［再経験］で【価値づけ】がはたらくことになります。

以上のように，［分析］［再経験］［評価］の各ステップにおいて音楽的思考がはたらく姿が見られ，特に［再経験］では，【発想】【手段と結果の関係づけ】【構想】【価値づけ】の機能が活性化するのです。

(衛藤晶子)

43

3-3 音楽的思考を育てる授業デザインの視点

経験の再構成による授業デザインの視点

　［経験―分析―再経験―評価］は単元構成の枠組みであり，1時間単元なら1時間の授業展開を，3時間単元なら3時間の授業展開をこの枠組みで組みます。資質・能力を育成するためには，1回1回の授業ですべての学びが実現されるものではありません。

　ただし［経験―分析―再経験―評価］の枠組みは固定化されるものではなく，学習者の実態に応じて変形，修正されるものです。活動によっては［経験―分析］が短いスパンで繰り返されることもありますし，［経験―分析―評価］のように省略もありえます。また［経験］は連続発展していくもので，ここまでが［経験］，次からは［分析］というような明確な区切りはありません。時間配分も各ステップが均等である必要はないのです。音楽をつくる活動が［経験］にくる場合は，［経験］に時間がかかることが多くなります。学習活動のつながりが「直接的経験―反省的経験―新しい直接的経験」になっているかどうかを意識しながら，［経験―分析―再経験―評価］を動的にとらえる視点が必要です。

　ではこのように［経験］を連続発展させ，経験をつくりかえていく（経験の再構成を実現する）授業にするためには何を意識すればよいでしょうか。ここでは，音楽科の授業デザインの視点として以下の5点をあげます[19]。

授業デザインの視点(1)　指導内容を焦点化する

　学習者が経験をつくりかえていくには，学習者のなかで経験が連続していくことが必須です。教師の思いつきの活動をつなげていくのでは焦点が散漫になり，活動に連続性が生まれません。活動を連続させ学習過程がまとまりをもった一貫性のあるものになるための軸は，指導内容です。授業には限られた時間のなかで，この単元で扱う音楽の，どこに焦点を合わせて音楽と相互作用をさせるか，という教師の目論見があります。それが指導内容となるのです。

　指導内容を設定するには，学習指導要領に記載されている〔共通事項〕が手がかりとなります[20][21]（表6）。〔共通事項〕はすべての音楽活動の基盤です。この〔共通事項〕のなかから教材に適した指導内容を選択します。

音楽的思考を育てる授業デザイン **第3章**

表6 〔共通事項〕に示された「音楽を形づくっている要素」

	音楽を形づくっている要素	
	ア　音楽を特徴付けている要素	**イ　音楽の仕組み**
小学校	音色　　リズム　　速度　　旋律　　強弱　音の重なり　　和音の響き　　音階　調　　拍　　フレーズ　など	反復　　呼びかけとこたえ　　　変化音楽の縦と横との関係　　など
中学校	(小学校学習指導要領に示されているものに加え)音色　　リズム　　速度　　旋律　　テクスチュア　　強弱　　形式　　構成拍　　拍子　　間　　序破急　　フレーズ　　音階　　調　　和音　など	

　例えば文部省唱歌《かくれんぼ》を教材曲とすると，この楽曲を大きく特徴づけているのは「もういいかい」「まあだだよ」の鬼とかくれる子どもとのやりとりです。これは〔共通事項〕の「呼びかけとこたえ」に該当します。そこで指導内容を「呼びかけとこたえ」に設定すると，まず［経験］では学習者の関心が対象とする楽曲《かくれんぼ》のなかでも特に「呼びかけとこたえ」に向くような活動を設定します。例えば，かくれんぼで遊ぶ，鬼役とかくれる子ども役に分かれて歌うという活動です。その後［分析］では，《かくれんぼ》の「呼びかけとこたえ」がどんな特質をもっているかを発見できるような活動を設定します。例えば，指導者と子どもが鬼役とかくれる役になって歌うのと，指導者が一人ですべて歌うのとを比較聴取する活動です。［再経験］では［分析］で【感受】した「呼びかけとこたえ」の「二人でお話ししているようでわくわくする」イメージ（特質）を生かして表現できるような，音楽活動を設定します。そして［評価］ではできあがった作品を味わい評価するとともに，指導内容である「呼びかけとこたえ」の【知覚・感受】の学習ができたかどうか確認するため別の楽曲でアセスメントをします。このように指導内容「呼びかけとこたえ」を軸として授業を展開することで学習経験が連続するのです。

授業デザインの視点(2)　不確定状況をつくる

　経験が再構成されるには，「不確定状況から確定状況への変容」が必要です。不確定状況とは何かしらの変化，抵抗によって学習者が戸惑いを感じる状況のことです。不確定状況が起こることでそれを解消しようとして思考が始まり，経験の再構成が起こります。そこで教師は，［経験］での確定状況に不調和を起こすはたらきかけを行います。例えば，第3章2節で述べた《ノルウェー舞曲第2番》では，Aの部分を音楽に合わせて楽しく足踏みをするという確定状況に続きのBの部分を聴かせることで，足踏みが合わなくなり不確定状況が起こります。歌唱授業ではどうなるでしょうか。《つばさをください》を例に考えてみると，確定状況は《つばさをください》を難なく歌っている状態です。この曲は前半と後半で曲想が変化します。そこで前半から後半に移る「つけてくださーい」と音が伸びている部分に「強弱記号クレシェンド（だんだん強く）か，デクレシェンド（だんだん弱く）のどちらが入る

45

か」と問うと，子どもたちは「クレシェンドが入る」と答えるでしょう。このときに「どうしてクレシェンドが入るのか」と問うと，「え？」といういままで考えもしなかったというような反応を見せます（不確定状況）。ここから，どうしてここにクレッシェンドが入るか，入ることによってどんな効果があるかという思考が始まります。指導内容に注意が向くようにすることで，指導内容を軸とした経験の連続を図ることができるのです。

授業デザインの視点（3）　指導内容と知覚・感受の対応関係をつくる

　不確定状況を確定状況にするために，どのような場面をつくればよいでしょうか。不確定状況は指導内容に注意が向くようにすることでした。そこで指導内容に対して，学習者が身体諸感覚器官で知覚し，その特質をイメージをもって感受する場を設定するのです。

　《かくれんぼ》の例でいえば，［分析］で指導者と子どもが鬼役とかくれる役になって歌うのと指導者が一人ですべて歌うのとを比較聴取する場面です。学習者は［経験］で無意識に歌っていた「呼びかけとこたえ」について意識せざるを得ない状況におかれ，【知覚・感受】をはたらかせる場面となります。クラス全員の子どもが最低限，単元の指導内容を学習したという状況をつくることが重要です。［再経験］では《かくれんぼ》に「呼びかけとこたえ」があることを意識して，楽曲全体の歌い方を工夫する場をつくります。ここでは，楽曲全体の【知覚・感受】に拡がるような活動が期待されます。鬼役には「強く歌ったら，早くつかまえに行きたい気持ちが伝わる」，かくれる子ども役には「弱く歌うことで，かくれるところがわからないようになる」といった強弱についての【知覚・感受】もなされます。焦点化された指導内容の【知覚・感受】を手がかりに，ほかの音楽要素の【知覚・感受】も行われる場面です。

授業デザインの視点（4）　社会的な場をつくる

　第1章1節で生成の原理による授業は，社会的構成主義に基づく学習になると説明しました。この学習観では個々人が自分で知識を蓄積していくのではなく，他者とかかわり合うことで知識が再構成されていくと考えます。したがって［経験―分析―再経験―評価］の学習過程には，他者と交流する場面を設定します。具体的にはペア学習やグループ学習を組み入れます。一人一人が対話し交流できるような環境を設定していくことにより，音楽的思考をよりいっそうはたらかせるのです。

　［分析］では個々人の感じたことや考えたことがさまざまに出てくる場をつくり，それらを全体の場に出し再度楽曲を聴いたり歌ったりして，各自の【知覚・感受】が幅広く深まるようにします。子どもは自分と友達との違いや共通するところを見つけ，これまでの感じ方や考え方を再構成することができます。教師は子どもから出てきたものを取り上げ，それらの関連づけを行います。［再経験］での表現の工夫にしても，ペアやグループで協働して物事を為すことは個々人の【発想】を進展させることになるのです。

　ただし，発言等の言葉によるやりとりだけでは音楽のどの部分を根拠としているか，どう

表現すればよいか明確に伝えることがむずかしいため，教師は常に言葉として出た内容を音楽に返してやることが必須です。言葉と音は補完し合って意味が生じるものだからです。

また，対話や交流は言葉によるものだけではありません。音楽の授業では音や音楽によるコミュニケーションも可能です。音楽の生み出す動きを身体の動きで表すなど，身体によるコミュニケーションも行われやすいのです。そうすることによって【知覚・感受】をもとにして，【発想】【構想】へと進展させることができます。

授業デザインの視点(5)　ワークシートを工夫する

　子どもの音楽的思考の育成を目指した授業では，ワークシートが有効な学習ツールになります。ワークシートを用いて学習を可視化し，音楽的思考のはたらきを見取ることができるようにするのです。ここでは子どもの音楽的思考を育成するためにワークシートをどのように工夫すればよいか，具体的に提案します。なおここでいうワークシートとは，学習課題に対する回答を活動の前後あるいは最中に書き込むための用紙のことを指します。

　［分析］では【知覚・感受】をはたらかせるワークシートを用います。［経験］で音や音楽と相互作用し漠然と気づいたり感じ取ったりしていた指導内容を意識化させるために使用します。《かくれんぼ》や《つばさをください》では比較聴取した音楽を「気づいたこと」（知覚）「感じたこと」（感受）に分けて書くシートが考えられます。《ノルウェー舞曲第２番》ではABAの三つの部分に分けた表に速度・強弱への気づき，それぞれの部分で感じたことを書くシートを用いることができます。小学校低学年であれば，絵や擬音語で表すこともあるでしょう。学年が上がるにつれて言語化が詳細になり，他者と交流し認識を広げそれを書き込むことも可能となります。

　［再経験］では【知覚・感受】で用いたワークシートを手がかりにどう表現したいのかという創意工夫を考えます。「どんなイメージを表現しようとしているか」「そのイメージをどのように表現するか」という問いのあるワークシートがよいでしょう。歌唱や器楽の場合，教材曲の楽譜に書き込みができるワークシート，音楽づくりの場合，アイデアを図示できるワークシート，各自が付せんに書いたアイデアを拡大楽譜に貼ったり，マッピングにしたりすることなどが考えられます。ここで重要となるのは，出されたアイデアは必ず音や音楽で試して実験することです。そのためには音や身体などで考えを伝え合う環境を整え，【発想】や【手段と結果の関係づけ】を可視化できるワークシートが有効です。また【構想】が発揮できるようなワークシートとしては，事例《魔王》に見られるような部分の特徴を関連づけられるようにスペースを取ったワークシートや付せんが貼られた部分部分のシートをつなげて全体が見とおせるようにしたワークシートが有効です。鑑賞活動では［再経験］や［評価］で批評文作成を行いますが，そこで「この曲で自分が好きな部分とその理由を書く」という問いを設けることで，【価値づけ】が発揮され，楽曲に対する自分なりの価値判断を反映することができます。

（衛藤晶子）

3-4

資質・能力スタンダードを活用した評価計画

資質・能力スタンダードと観点別学習状況の評価との関連

　教師は資質・能力を育成するためにどのように授業を構成するかということに心を砕くとともに，学習者が身につけようとしている，あるいは身につけた学力をどの場面でどのように評価するかということもあらかじめ考えておくことが必要です。では，現行の学習評価の観点と本書で提案した資質・能力スタンダードはどのように関連しているでしょうか。

　第2章1節で述べたように，資質・能力スタンダードは「資質・能力の育ちを実現している子どもの具体的な姿」であり，評価基準や達成すべき水準そのものではありません。しかし，資質・能力スタンダードを活用することによって，子どもの音楽的思考の姿から学習評価への手がかりを得ることは可能です。そこで本節では，資質・能力スタンダードの観点から，現行の学習評価の観点がどのように解釈できるのかを見ていきます。

　平成29年改訂の学習指導要領では目指す資質・能力が三つの柱で整理されました。それを踏まえ，小・中・高等学校の各教科を通じて，観点別学習状況の評価は「知識・技能」「思考・判断・表現」「主体的に学習に取り組む態度」の3観点で行うこととなりました。ここでは音楽的思考に焦点を当てるため，「思考・判断・表現」の観点を見ていきます。

　観点別学習状況の評価の観点「思考・判断・表現」には以下の趣旨が示されています[22]。

　下記の趣旨には，「聴き取り」「感じ取りながら」「関わりについて考え」「よさなどを見い

小学校
　音楽を形づくっている要素を聴き取り，それらの働きが生み出すよさや面白さ，美しさを感じ取りながら，聴き取ったことと感じ取ったこととの関わりについて考え，どのように表すかについて思いや意図をもったり，曲や演奏のよさなどを見いだし，音楽を味わって聴いたりしている。

中学校
　音楽を形づくっている要素や要素同士の関連を知覚し，それらの働きが生み出す特質や雰囲気を感受しながら，知覚したことと感受したこととの関わりについて考え，どのように表すかについて思いや意図をもったり，音楽を評価しながらよさや美しさを味わって聴いたりしている。

48

だし」など一文のなかにさまざまな資質・能力が示されています。いっぽう資質・能力スタンダードでは，音楽的思考を支える機能として【知覚・感受】【発想】【手段と結果の関係づけ】【構想】【価値づけ】の五つの項目に整理されています。そこで，趣旨に記載されている内容を資質・能力スタンダードの五つの項目から読み解いたものを以下の表7に示しました。

【知覚・感受】は小学校では「音楽を形づくっている要素を聴き取り」（【知覚】），「それらの働きが生み出すよさや面白さ，美しさを感じ取り」（【感受】）に該当します。中学校では「知覚し」「感受しながら」と明記されています。

【発想】の「アイデアを出すこと」は趣旨に記載されている「どのように表すかについて思いや意図をも」つことに対応すると解釈できます。どのように表すかについての「意図」をもつためには，自分の演奏を聴くことによって，もう少し強く歌ったほうがいい，だんだん遅くしていったらどうだろうと振り返る活動が必要です。このように音や音楽にはたらきかけその結果どういうことが起こったのか振り返り思考をはたらかせる機能は，【手段と結

表7　資質・能力スタンダードと観点別学習状況の評価の対応表

資質・能力スタンダード【音楽的思考】の下位項目		観点別学習状況の評価の観点の記述内容	
		小学校	中学校
【知覚・感受】	音楽の諸要素のはたらきについて知り，それらのはたらきが生み出す特質を感じ取ること	音楽を形づくっている要素を聴き取り，それらの働きが生み出すよさや面白さ，美しさを感じ取りながら，聴き取ったことと感じ取ったこととの関わりについて考え	音楽を形づくっている要素や要素同士の関連を知覚し，それらの働きが生み出す特質や雰囲気を感受しながら，知覚したことと感受したこととの関わりについて考え
【発想】	自らもったイメージを根拠に音，言葉，身体，図などを用いてアイデアを出すこと	どのように表すかについて思いや意図をもつ	どのように表すかについて思いや意図をもつ
【手段と結果の関係づけ】	音や音楽へはたらきかけ，自ら選択した手段がどういう結果をもたらしたのか，手段と結果を関係づけて考えること	どのように表すかについて思いや意図をもつ	どのように表すかについて思いや意図をもつ
【価値づけ】	自ら知覚・感受したことを根拠に，音や音楽を自分にとって価値あるものとしてとらえること	曲や演奏のよさなどを見いだし	音楽を評価しながら
【構想】	自らもったイメージを根拠に，音や音楽の部分部分を結びつけて全体としてのまとまりをもたせること	音楽を味わって聴いたりしている	よさや美しさを味わって聴いたりしている

果の関係づけ】に対応します。

　【価値づけ】の「価値あるものとしてとらえる」ことは，学習者自身が曲や演奏のよさや面白さを自分の感性をもとに価値あるものとして見いだしていくことですから，「曲や演奏のよさを見いだし（小学校）」「音楽を評価しながら（中学校）」に対応します。曲や演奏のよさを見いだしたり，音楽を評価したりするためには，楽曲の部分部分で【知覚・感受】したことを関連づけて楽曲全体からとらえなおし，楽曲全体の味わいとすることが求められます。このような音楽的思考のはたらきは【構想】の機能と捉えることができます。

　このように，実践における学習者の姿から導き出した資質・能力スタンダードによって，現行の学習評価の3観点をより詳細にとらえることができます。資質・能力スタンダードは現行の学習評価の観点から子どもの学習状況を読み取るときの一つの指針になるのです。

資質・能力スタンダードと学習評価の関係

　では観点別学習状況の評価に，資質・能力スタンダードはどのように活用できるでしょうか。本書の資質・能力スタンダードはあくまでも「資質・能力の育ちを実現している子どもの具体的な姿」であって，子どもの姿を評価するための物差しではないことを再確認したうえで，資質・能力スタンダードの活用方法には大きく二つが考えられます。

　一つは学習過程における子どもの行為や音楽表現を読み取り，理解する手がかりとすることです。もう一つはスタンダードに示された内容を期待する子どもの姿ととらえ，期待する姿が現れるような環境構成を工夫することです。ここではスタンダードを活用して学習活動を構想し，そこに評価規準がどう対応しているのかについて説明します。

　第3章2節で例に示した鑑賞授業《ノルウェー舞曲第2番》で考えてみましょう（表8）。単元目標・評価規準は学習評価の3観点「知識・技能」「思考・判断・表現」「主体的に学習に取り組む態度」で設定します。単元目標と評価規準は表裏一体のため，同じ欄に記載します。ある学習場面において，各観点から「おおむね満足」と教師が考える姿を「具体の学習場面における評価規準」に記述します。

　では資質・能力スタンダードの音楽的思考と観点別評価はどう対応しているでしょうか。表9（52頁）は「音楽的思考のはたらき」と「評価規準」の2点について，学習過程との対応関係を示したものです。特に音楽的思考がはたらく［分析］以降を示しています。

　例えば［再経験］において，「イメージを根拠に身体や言葉を用いて，どんな動きにすればよいかアイデアを伝え合っている。」姿が見られた場合は，音楽的思考の【発想】がはたらいていると判断することができ，その場面は「思考・判断・表現」の評価規準「②速度・強弱の変化を意識し，イメージを表す動きを工夫してつくっている。」に対応します。

　つくった動きを発表する場面で「速度や強弱の変化を知覚・感受したことをもとに形成したイメージを関連づけて楽曲全体をストーリーとしてとらえている。」という姿が見られた場合は，楽曲全体を統合してとらえていることから【構想】がはたらいていると判断でき，その場面は「知識・技能」の評価規準「①速度・強弱を理解して曲想が伝わるように動いて

50

音楽的思考を育てる授業デザイン **第3章**

いる。」に対応します。このように，資質・能力スタンダードに示された子どもの姿が見られたときに，評価規準と対応させて子どもの行為や音楽表現を読みとき，理解する手がかりとすることができます。

また，教師が［再経験］では【手段と結果の関係づけ】がはたらくと考え，それを発揮させたいときには，自分たちの動きを録画できる機器を準備し，それを見ながら話し合う場を設定するといった環境構成を行うことができます。つまり，資質・能力スタンダードに示された子どもの姿を期待して，それが現れるように環境を整えることが可能になるのです。

このように資質・能力スタンダードは，表現活動や鑑賞活動において，子どもが音楽的思考を発揮している姿を具体的に言語化（可視化）したものであり，それを手がかりに学習活動を意図したり，環境構成を行ったりすることができます。また表9（52頁）のように評価場面との対応関係をつくることも可能です。音楽的思考を発揮している具体的な姿を言語化（可視化）することは，子どもの行為や表現から「いま何を考え，何を目指そうとしているのか」といった内的思考を読み解く手がかりをもつことができ，子どもの音楽的思考を育てる一助になるといえます。

（衛藤晶子）

表8　学習評価の３観点と具体の学習場面における評価規準

評価の観点	単元目標・評価規準	具体の学習場面における評価規準
知識・技能	速度や強弱の変化について理解して楽曲のよさを味わい，イメージしたことを根拠をもって言葉で人に伝えている。	① 速度・強弱を理解して曲想が伝わるように動いている。 ② 速度・強弱の変化を意識して楽曲全体を味わい，その味わいを根拠をもって人に伝えている。 ③ アセスメントシートで速度・強弱の変化についての理解を示している。
思考・判断・表現	速度や強弱の変化を知覚し，それが生み出す特質を感受し，楽曲全体の味わいにつなげている。	① 速度・強弱の変化を知覚・感受している。 ② 速度・強弱の変化を意識し，イメージを表す動きを工夫してつくっている。 ③ 速度・強弱の変化の知覚・感受を手がかりに，楽曲全体を見通して批評文を書いている。
主体的に学習に取り組む態度	速度や強弱の変化に関心をもち，意欲的に聴いたり動きをつくったりしている。	① 速度・強弱の変化に関心をもち，意欲的に聴いたり，動きをつくったりしている。

51

表9　単元構成のステップにおける，音楽的思考のはたらきと評価規準の対応

学習活動		音楽的思考のはたらき	学習評価
分　析	強弱と速度を知覚・感受し，楽曲に対するイメージを表現する動きをつくるための手がかりを得る。		
	○　Aの部分とBの部分を聴き比べ，気づいたこと，感じたことをワークシートに記入する。 ○　イメージを表すためにどんな動きにすればよいか交流する。	【知覚・感受】　速度・強弱の変化を知覚し，それが生み出す特質を感受し身体や言葉で具体的に表している。 【発想】　イメージを根拠に身体や言葉を用いて，どんな動きにすればよいかアイデアを出している。	思①　速度・強弱の変化を知覚・感受している。
再経験	強弱と速度を意識してグループでイメージが伝わるよう動きをつくる。		
	○　グループで楽曲全体を通してイメージを伝えるための動きを考え試す。 ○　グループの動きを録画し，気がついた点や変えたい点について話し合う。 ○　つくった動きを発表する。	【発想】　イメージを根拠に身体や言葉を用いて，どんな動きにすればよいかアイデアを伝え合っている。 【手段と結果の関係づけ】　録画した動きを見てイメージを表現することができているかどうか話し合っている。 【構想】　速度や強弱の変化を知覚・感受したことをもとに形成したイメージを関連づけて楽曲全体をストーリーとしてとらえている。	主①　速度や強弱の変化に関心をもち，意欲的に聴いたり動きをつくったりしている。 思②　速度・強弱の変化を意識し，イメージを表す動きを工夫してつくっている。 知・技①　速度・強弱を理解して曲想が伝わるように動いている。
評　価	動きをとおして味わったことをもとに鑑賞し，批評文を書き，強弱と速度についてのアセスメントシートに答える。		
	○　楽曲全体をとおして聴き，批評文を書く。 ○　批評文を交流する。	【価値づけ】　自分の気に入った部分を選択し，知覚・感受したことに基づいた理由を言葉で伝えている。	思③　速度・強弱の変化の知覚・感受を手がかりに，楽曲全体を見通して批評文を書いている。 知・技②　速度・強弱の変化を意識して楽曲全体を味わい，その味わいを根拠をもって人に伝えている。 知・技③　アセスメントシートで速度・強弱の変化についての理解を示している。

第4章

音楽的思考を
どう育てるか

――実践事例にみる
音楽的思考のはたらき

実践事例の見方

実践事例の見方（58-97頁）

音楽的思考のはたらきをプロセスで捉える

　第4章では小学校および中・高等学校の，歌唱と鑑賞の事例において特に顕著にはたらきがみられた音楽的思考の項目を取り上げ，「授業デザインの工夫」と「子どもの音楽的思考のはたらき」の2点について，実際の授業の姿をもとに描いています。音楽的思考には【知覚・感受】【発想】【手段と結果の関係づけ】【価値づけ】【構想】の五つの下位項目がありますが，いずれも音楽活動のあらゆる場面で機能していると考えます。ただし事例編では，その単元で顕著にはたらきがみられた（もしくははたらきが期待される）項目を2点取り上げ，そのはたらきについてできるだけ具体的な姿が思い描けるよう，意識して記述しています。

　前半4頁では，単元名，「経験—分析—再経験—評価」の学習過程，指導内容の設定根拠，スタンダードと評価規準の関係，具体的な単元の展開例について示しています。「単元ではたらく音楽的思考」ではこの単元で重視する音楽的思考の下位項目をあげ，それらの音楽的思考が発揮される学習過程について具体的に示しています。ここに示されている姿が実現できるような授業デザインを計画することで，子どもの音楽的思考の育成が期待できます。

　後半4頁では，音楽的思考を意識したことによる授業デザインのポイントについて，また子どもの音楽的思考のはたらきの具体の姿について，実際の授業の姿をもとに書いています。

　第4章で紹介している四つの事例はあくまでも一例ではあるものの，日常の授業実践の手がかりとして活用できます。例えば教師が「歌唱の授業で子どもが自分なりの意図をもって歌えるようになってほしい」と考えた場合，「自分なりの意図をもつ」とはつまり【発想】であることから，例えば事例1の「発想がはたらく場」に示された授業デザインをヒントに歌唱の授業を構想してみる，ということもできるでしょう。

子どもの内的思考（音楽的思考）を可視化するワークシート

　ワークシートは音楽的思考の育成を支える重要な学習ツールの一つです（第3章3節「音楽的思考を育てる授業デザインの視点」参照）。なぜならワークシートは子どもが音楽と相互作用するなかで，何を感じ，どう考えているのか，といった内的思考のはたらきを可視化するからです。内的思考のはたらきが可視化されることによって，子ども自身も自分の考えを省察する機会になるとともに，ワークシートを元手にして他者と交流するといった協働的な学びも実現します。

　本書では，第4章で紹介した四つの事例すべてにおいて，音楽的思考を発揮させる重要なツールとしてワークシートを位置づけています。そのため，ワークシートも添付資料として各事例の文末に掲載しています。

第４章の実践事例

単元名	音楽的思考のはたらき（何ができるようになるか）	指導内容（何を学ぶか）
		学習方法（どのように学ぶか）
事例１（小学校中学年）		▶▶▶ 58 頁
スタッカートとレガートを意識して《ゆかいに歩けば》の歌唱表現を工夫しよう	【発想】 【手段と結果の関係づけ】	旋律（スタッカートとレガート）
		アイデアの交流 拡大楽譜の共有
事例２（小学校高学年）		▶▶▶ 68 頁
箏や尺八の音色によって表現される多彩な音色を意識して《春の海》を味わって聴こう	【構想】 【価値づけ】	箏と尺八の音色と曲想
		ワークボードの共有 ナレーション作品づくり
事例３（中学校）		▶▶▶ 78 頁
声の音色の違いを意識して《魔王》を味わって聴こう	【構想】 【価値づけ】	声の音色と曲想
		協働的な学びを促す付箋の活用 俯瞰的なワークシート
事例４（高等学校）		▶▶▶ 88 頁
アーティキュレーションを意識して≪箱根八里≫の歌唱表現を工夫しよう	【知覚・感受】 【発想】	アーティキュレーションと曲想
		協働的な学びを促す教室空間 拡大楽譜の共有

ワークシートを作成し生かすためのヒント

ワークシート作成のポイント

　本書ではワークシートを音楽的思考を発揮させる学習ツールとして位置づけていることから，ワークシートの作成，使用場面，アレンジ，すべてにおいて音楽的思考のはたらきと関連づけて構想しています。そうすることでワークシートというツールが本来もっている教育的意義が発揮されるかたちで有効活用できると考えているからです。

　音楽的思考の育成を意識したワークシートでは，必ずねらいをもったフォーマットや問いが必要です。単に「音楽を聴いて感じたことを書きましょう」といった漠然とした問いだと子どもも何から書けばよいかわからず，教師も子どもが記述した内容をどう評価してよいのかわからないため，結局，国語力や記述等の分量で評価することになりがちです。

　本書で紹介したワークシートはいずれも具体的に○○という音楽的思考を発揮させるというねらいをもってフォーマットや問いが工夫されています。例えば鑑賞の能力で重要な【価値づけ】を発揮させるために，事例２や事例３では「私が好きなところは（はじめ・なか・おわり）です。なぜかというと」という書き出しや「あなたが感じた《魔王》の魅力について理由を明らかにして書きましょう」という問いを設定しています。そうすると，自ずとその子がその楽曲をどう【価値づけ】したかが引き出されることになります。

ワークシートの使用場面

　これらのワークシートを授業のどの場面で使用するのかについても，必ずねらいを明確にしておく必要があります。授業終わりにルーティンのように本時の振り返りとしてワークシートを書かせることがありますが，本事例ではそのような使い方はしていません。

　単元構成に沿って例をあげると，例えば「分析」では【知覚・感受】したことを意識化させるためにワークシートを使用します。また「再経験」では創意工夫を可視化したり，グループで交流したりするためにワークシートを使用します。

　このように学習過程におけるワークシートの使用については，子どもの思考の発展に伴って思考の可視化が必要な場面かどうかを見極めることがポイントになるでしょう。

ワークシートのアレンジについて

　本書に掲載したワークシート資料については，教材や単元に合わせて柔軟にアレンジして使用することができます。単元で重視したい音楽的思考は何かを意識することで，本書のワークシート資料を活用できます。

　例えば「歌唱の授業で子どもが自分なりの意図をもって歌えるようになってほしい」という願いを教師がもったとします。その場合，【発想】を重視していることになるため，事例１のワークシート②（67頁）が参考になります。また鑑賞の授業で「自分なりの味わい方をしてほしい」と期待した場合は，【価値づけ】が発揮されるよう，事例２のアセスメントシー

ト（76頁）を参考に，指導内容の用語を書きかえて問いを作成できます。

評価規準例の見方（98-102頁）

「指導内容」の焦点化

　評価規準例（98-102頁）では，実践事例で扱いきれなかった活動領域および学年の5事例を掲載しています。第4章に掲載した実践事例は「小学校・歌唱」「小学校・鑑賞」「中学校・鑑賞」「高等学校・歌唱」の4事例ですが，学習指導要領では音楽科の内容として，歌唱・器楽・音楽づくり（創作）・鑑賞の四つの活動領域が示されています。そのため，今回の実践事例では扱っていない「器楽」「音楽づくり（創作）」および，比較的実践頻度の高い小学校高学年の歌唱について，「指導内容」「単元の指導計画」「資質・能力スタンダード」「単元の評価規準」などを資料として掲載しています。

　単元目標や単元の評価規準，単元構成を計画するうえで，最も重要になる項目は「指導内容」です。「指導内容」が明確になっていないと，目標も評価規準も立てることができません。「指導内容」は「子どもが活動を通して学ぶべき事項」であり，それらは学習指導要領の〔共通事項〕と〔指導事項〕から導出することができます。「指導内容」は音楽経験において音楽的思考を推し進めるうえで軸となるものであり，「指導内容」を焦点化することで，どの子も音楽科の学力を確実に身につけることが可能になります。なぜ「指導内容」を焦点化する必要があるのかについては，第3章3節「音楽的思考を育てる授業デザインの視点」で詳しく述べています。

資質・能力スタンダードを評価規準に生かすために

　評価規準例では「指導内容」を念頭におき，それに基づいて，単元名，単元の指導計画，単元の評価規準を設定しています。また「資質・能力スタンダード」は，現行の評価の3観点に対応すべく，「知識・技能」「音楽的思考」「コミュニケーション／興味」の3項目を設定しています。「音楽的思考」については，その教材および単元で最も重視する項目を二つ選択し，発達段階に対応したスタンダードを示しています。

　評価規準例は，「資質・能力スタンダード」が音楽科すべての活動領域，すべての学年に対応したものであることを示しており，スタンダードを活用した評価規準の立て方を例示したものになります。ポイントは「指導内容」の設定にあると考えます。「資質・能力スタンダード」を参照すればあとは子どもの実態を踏まえ，教材の特徴を生かした「指導内容」さえ導出できれば，目標も評価規準も単元構成もスムーズに設定できると考えます。そのうえで，その単元で重視すべき音楽的思考を抽出し，それらを中心に据えた授業デザインを試みるとよいでしょう。

（清村百合子）

事例1

歌唱《ゆかいに歩けば》の単元にみる
発想と手段と結果の関係づけのはたらき

[単元名]
スタッカートとレガートを意識して《ゆかいに歩けば》の歌唱表現を工夫しよう

[教材]
メラー作曲《ゆかいに歩けば》

[学年]
小学4年生

[指導内容]
旋律（スタッカートとレガート）

歌唱表現の工夫を探究し合う学習過程

経験

《ゆかいに歩けば》を歌い，スタッカートとレガートの「旋律」の奏法による曲想の変化に気づく。

分析

スタッカートとレガートを【知覚・感受】し，イメージを表現する工夫への手がかりを得る。

再経験

イメージを表現する工夫への手がかりをもとに，スタッカートとレガートを意識して歌唱表現を工夫して《ゆかいに歩けば》を歌う。

評価

歌唱発表をし合い，スタッカートとレガートについてのアセスメントシートに答える。

■教材の特徴と単元のねらい

　本単元の指導内容は，音楽を形づくっている要素の一つである「旋律」（スタッカートとレガート）に設定する。スタッカートとレガートの特徴を知覚し，それらによって生まれる曲想を感受しながら歌唱表現を進めていく。

　《ゆかいに歩けば》は大きく三つの部分で構成され，初めの16小節はスタッカートが多く，動きが少ない順次進行が多用された「旋律」である。次の12小節はタッカターンという特徴的なリズムが現れ，跳躍進行と音価の長い音が組み合わされ，レガートを中心に演奏される。そのなかにも順次進行によるスタッカートの部分が現れる。最後の4小節は，スタッカートで下行する「旋律」によって終わる。これらの特徴を踏まえ，本単元はスタッカートとレガートの「旋律」の奏法による曲想の変化に焦点をあてて，歌唱表現を工夫させることをねらいとする。

■単元ではたらく音楽的思考

発想　スタッカートとレガートを【知覚・感受】し，感受したイメージを表現するために，歌い方のアイデアを出すこと

　イメージを表現するためには，まずどのように歌えばよいかという表現への手がかりが必要となる。[分析]では《ゆかいに歩けば》の1段目の「旋律」をスタッカートにした歌い方とレガートにした歌い方を比較聴取させる活動をつくり，「音を短く切っている」「音をつなげて歌っている」と「旋律」の奏法について知覚し，歌い方によって雰囲気が変わることを感受する。

　次に【知覚・感受】したことを基盤に，自分のイメージを表現するためにどんな歌い方をすればよいかを考えていく。例えばスタッカートの部分を「日にあたっている」というイメージをもち，それを表現するために「きらっきらっ」と語尾を短く切ってスタッカートを強調する歌い方のアイデアを実際に声に出して試す場をもつ。子どもたちは発見した歌い方のアイデアを言葉で説明するだけではなく，実際に声に出して歌ってみるなど，表現媒体（声）でアイデアを伝え合うという【発想】を生かしてグループでの歌い方の工夫へとつなげていくことができるようにする。

手段と結果の関係づけ　自分たちの演奏を録音して聴き，感受したイメージが伝わる演奏になっているか，確認し交流すること

　ここではイメージしたことが聴き手に伝わる演奏となっているかどうかを確認するため，自分たちの演奏を録音して聴き，客観的にとらえることを重視する。例えば図4の最初にある「うたもはずむー」のスタッカートの部分について，「楽しくスキップしている」というイメージが伝わるような歌い方になっているか何度も自分たちの録音を聴き，スキップしている様子がもっと伝わるようにスタッカートをさらに強調して歌って試すなどである。自分たちの表現を振り返らせて，スタッカートとレガートの歌い方だけでなく強弱を付けるなど，「旋律」の奏法による違いを糸口としてほかの音楽の諸要素にも表現の工夫が広がっていくことが考えられる。

図4　《ゆかいに歩けば》の冒頭

事例1 歌唱《ゆかいに歩けば》の単元にみる発想と手段と結果の関係づけのはたらき

■ 「資質・能力スタンダード」から「単元の評価規準」へ

資質・能力スタンダード（小学校中学年）		
知識・技能	音楽的思考	コミュニケーション／興味
●イメージを表現し，伝えるために，表現媒体や用語を適切に使っている。	【発想】イメージを根拠に表現媒体を用いて，発見したアイデアを伝え合っている。 【手段と結果の関係づけ】 イメージを表現するための手段がどのような結果をもたらしたのか，言葉などで振り返っている。	【コミュニケーション】音によるイメージの実現に向けて，他者へ興味を示し，音楽活動に参加している。 【興味】目的を意識して自分から積極的に音楽活動に取り組んでいる。

▼　　　　　　　　　　　▼　　　　　　　　　　　▼

教材の特徴と単元のねらい（59ページ参照）

▼　　　　　　　　　　　▼　　　　　　　　　　　▼

単元の評価規準《ゆかいに歩けば》		
知識・技能	思考・判断・表現	主体的に学習に取り組む態度
①アセスメントシートに用語（スタッカートとレガート）についての理解を示している。 ②スタッカートとレガートについて理解し，イメージが伝わるように歌唱表現している。	①スタッカートとレガートについて知覚し，それらのはたらきが生み出す特質や雰囲気を感受している。 ②スタッカートやレガートを意識しながら，イメージが伝わるように歌い方を工夫している。	①スタッカートとレガートについて興味をもち，主体的・協働的に歌唱活動に取り組んでいる。

> **TIPS** **教材《ゆかいに歩けば》を知る**（教材解釈を深め，授業デザインに生かす）
>
> 　メラー作曲《ゆかいに歩けば》原曲は，ドイツで作曲された『Der froehliche Wanderer（愉快なハイカー）』という映画の主題歌である。1950年代にイギリスの国際音楽祭で発表され世界各地に広まった。ドイツ語の歌詞の内容は，旅の道すがら帽子を揺らしつつ歌うという設定になっている。日本では1963年に「たのしいうた」，1964年に「みんなのうた」のそれぞれ4月の歌として放送されて広まったとされる。
>
> 　明るい自然の中を行く喜びを，マーチ風のリズムにのせて楽しく歌う曲である。スタッカートとレガートの「旋律」の特徴が変わるため，それぞれの旋律から感じられるイメージに合った歌い方の工夫に結びつけやすい。

音楽的思考をどう育てるか **第4章**

■音楽的思考のはたらきを促す単元の展開例　[全3時間]

学習活動	音楽的思考のはたらき	学習評価
経験　《ゆかいに歩けば》を歌い，スタッカートとレガートの「旋律」の奏法による曲想の変化に気づく。		
○《ゆかいに歩けば》を聴き，どんな感じがするかを発表する。 ○《ゆかいに歩けば》を歌う。 ○歩きながら歌い，歌った感想を発言する。 ○子どもの意見をもとに，ア，イ，ウの三つの部分から成り立っていることを確認し，それぞれの部分がどんな感じがするかをワークシートに書く。		
分析　スタッカートとレガートを【知覚・感受】し，イメージを表現する工夫への手がかりを得る。		
○A（1段目をスタッカートで歌う）とB（1段目をレガートで歌う）を比較聴取し，どのように感じが違うか，聴いたり歌ったりして意見を交換する。 ○自分が感じたイメージを表現するには，どんな歌い方をすればよいか試してみる。		思①
●イメージを表現するための歌い方のアイデアを出す。	【発想】 イメージを表現するために，スタッカート奏やレガート奏の歌い方のアイデアを出す。	→ CLOSE UP 01
再経験　イメージを表現する工夫への手がかりをもとに，スタッカートとレガートを意識して歌唱表現を工夫して《ゆかいに歩けば》を歌う。		
○4～5人のグループになり，ワークシートを持ち寄り，ア，イ，ウをそれぞれどのように歌いたいか伝えたいイメージを話し合う。 ○イメージが伝わるように，スタッカート奏やレガート奏の歌い方をグループで工夫する。		
●自分たちの演奏を録音して聴き，イメージが伝わる歌い方になっているか考える。	【手段と結果の関係づけ】 スタッカートとレガートについて理解し，イメージが伝わるように歌っている。	主① 思② → CLOSE UP 02
評価　歌唱表現を発表し合い，スタッカートとレガートについてのアセスメントシートに答える。		
○グループで《ゆかいに歩けば》を歌って発表し，感想を交換する。 ○旋律の奏法（スタッカートとレガート）についてのアセスメントシートに答える。		知・技② 知・技①

61

事例1　歌唱《ゆかいに歩けば》の単元にみる発想と手段と結果の関係づけのはたらき

CLOSE UP 01　音楽的思考 発想 がはたらく場
イメージを表現するための歌い方のアイデアを出す

■授業デザインをどう工夫するか

スタッカートとレガートについて【知覚・感受】する

　旋律の奏法の違いを意識できるように，二つの歌（1段目をスタッカートにした歌とレガートにした歌）を比較聴取し音がどのようになっていたか，それに伴いイメージがどのように変化したかをクラス全体で共有する。また二つの歌を児童自身でも歌い，体験する。

　実際の授業では比較聴取の場面で「音を切っている」「音をのばしてつなげている」と知覚し，「元気に楽しく歩いている」「ゆっくり歩いている」と感受したことを発言していた。またその児童の発言に関連させて，スタッカートとレガートという用語の定着も図った。

自分のイメージを表現するために，さまざまな歌い方を試す

　【知覚・感受】したことを踏まえて，自分がもったイメージを表現するにはどのような歌い方をすればよいか試してみるように促す。例えば歌詞の「ゆかいに歩けば」の部分にうきうきする感じがするのであれば，「ゆかい」の部分の「言葉を短く切って歌ってみるとよいのではないか」という児童からのアイデアに対し，「身体の使い方」や「息の出し方」をヒントにスタッカートとレガートの技を考えるよう助言するなど，ここでは児童から出されたアイデアを【技能】につなげることができるように場をつくっていく。

試してみた歌い方をイメージと共に発表して共有する

　児童には最初に「どのようなイメージで歌ってみたいか」（図5，図6）ということを伝えてから，「具体的にどのような歌い方をすればよいか」というアイデアを紹介するよう促す。そして提案された歌い方を実際にクラス全体で歌って試す。

　歌ったあとに気づいたことや感じたイメージを共有し，そこからまた新しい歌い方のアイデアが出てくることもある。その場合は言葉だけでなく実際に歌ってクラスで共有する。

■音楽的思考の発揮を支えるポイント

いろいろな方法でアイデア（【発想】）を出せるようにする

　【発想】では「こうしたらいい」と言葉で説明したり，実際に自分の声を出してみたり図に書いたりして，アイデアを伝え合う。本実践ではアイデアの出し方を限定することなく児童自身に選ばせるようにして，自分が一番伝えやすい方法を自分で選び表現することで，歌い方のアイデアを正しく伝えることができるようにした。

　「息を思いっきり吸って言葉をのばして歌う」のように言葉でアイデアを説明する場合，クラス全体で実際に歌って試し共有する。それが自分の歌い方のヒントになったりイメージを膨らませたりすることにつながっていくようにする。

図5　ワークシート①（66頁も参照）

音楽的思考のはたらきをどう見取り，育てるか

[児童aの発言内容より]

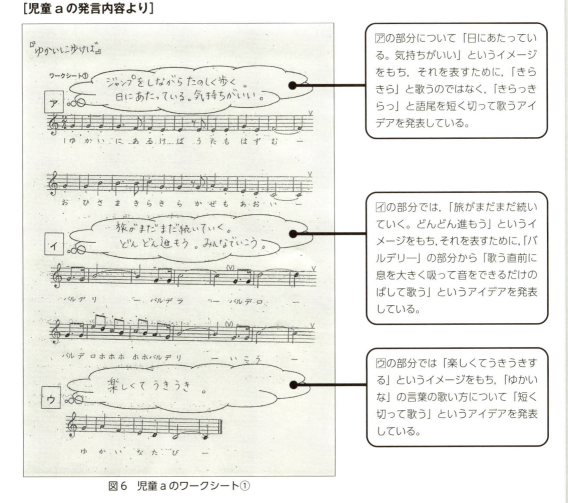

図6 児童aのワークシート①

[児童aの学習状況の評価と学習状況を踏まえた次の展開]

- 図6より，児童aは自分のイメージを表現するために，どんな歌い方をすればよいか，実際に声を出して試しており，感じたイメージ（感受）と歌い方の工夫（【技能】）を結びつけようとしている。さらに，発見した歌い方のアイデアを言葉で説明するよりも，声そのもので伝えようと工夫する姿がみられた。このことから音楽の授業の場合，【発想】は言葉だけのやりとりだけでなく，行為そのものでも共有することができ，それが【技能】に直接つながると期待できる。

- 次の展開として，個人で感じたイメージ（感受）とそのイメージを表現する歌い方の工夫（【技能】）を持ち寄って，グループで伝えたいイメージを話し合い，そのイメージが伝わるように歌い方を工夫することが考えられる。実際の授業では，個人のイメージをつなげて一つのイメージにするグループもあれば，話し合いのなかでイメージをつくりかえていったグループもあった。大まかなイメージができたら実際に歌いながらイメージが伝わるように歌い方を工夫していた。このとき【発想】で出てきた歌い方のアイデアが手がかりとなり，グループ活動での歌い方の工夫（【技能】）がさらに深まるようにする。

事例1　歌唱《ゆかいに歩けば》の単元にみる発想と手段と結果の関係づけのはたらき

CLOSE UP 02　音楽的思考 手段と結果の関係づけ がはたらく場
自分たちの演奏を録音して聴き，イメージが伝わる歌い方になっているか考える

■授業デザインをどう工夫するか
伝えたいイメージが表現できているかを録音して聴く

　イメージが伝わる歌い方になっているかを確認し合うために，例えばグループごとに1台のICレコーダーを配付し，集中して自分たちの音を聴くことができる教室環境を準備する。自分たちの演奏を客観的に聴いて，工夫したところが実際の演奏にどのように表れたかという【手段と結果の関係づけ】が行われるようにする。

拡大楽譜を見ながら何度も録音を聴き，確認し合う

　グループのイメージや歌い方の工夫を書き込めるように，グループ活動をするときにはグループに1枚の拡大楽譜を配付する。演奏を聴いて交流するときには共有手段として楽譜を確認し合うようにして，「1回だけではなく，気になる部分は楽譜を見ながら何度も聴いて確認してみましょう」と助言するとよい。

拡大楽譜の活用方法について交流する

　録音を聴いて交流するなかで，新たに考えた歌い方の工夫やイメージを拡大楽譜に書き加えているグループがあればクラス全体で共有し，拡大楽譜の有効な使い方ができるように支援する。スタッカートとレガートの奏法だけでなく，強弱やフレーズなどのほかの音楽の諸要素にも歌い方の工夫が広がっていくとなおよい。

■音楽的思考の発揮を支えるポイント
拡大楽譜の紙面を工夫する

　本単元は「音や音楽へはたらきかけ，自ら選択した手段がどういう結果をもたらしたのか，手段と結果を関係づけて考える」という【手段と結果の関係づけ】を発揮できるよう，拡大楽譜を活用している（図7）。

　主旋律と1番の歌詞のみが書かれた楽譜を用意し，三つの部分のイメージがすぐにわかるように楽譜の上にイメージを書くスペースをつくっている。また楽譜や歌詞の部分に歌い方の工夫を書き込めるように，それぞれの段の楽譜の間を空けている。必要な情報のみを載せた拡大楽譜にして，グループごとに自分たちがわかりやすいように書き込み，共有することができるようにする。

図7　拡大楽譜（ワークシート②，67頁も参照）

■音楽的思考のはたらきをどう見取り，育てるか
[グループaの拡大楽譜の記述内容より］

図8　グループaのワークシート②

[グループaの学習状況の評価と学習状況を踏まえた次の展開]

■図8においてグループaは旋律の特徴（スタッカートとレガート）を【知覚・感受】し，それを歌い方の工夫（【技能】）へと結びつけることができている。そして旋律の奏法の違いだけでなく，強弱の要素にまで表現の工夫が広がっている。演奏を録音して聴きグループで交流することを繰り返すことで，歌い方の工夫がより詳細化され，拡大楽譜への書き込みも増えていく様子がみられた。このように【手段と結果の関係づけ】を発揮させながら，歌い方の工夫（【技能】）も高まっていくように支援する。

■次の展開として，グループで歌って発表し感想を交流することが考えられる。実際の授業では，ほかのグループの歌を聴いて「『きらきら』の歌い方が本当にきらきらまぶしい感じに聞こえてきました」と，伝えたいイメージが聴き手に伝わったことが確認できる発言があった。いっぽう「『バルデリーバルデラー』のところは音がすごくのびていて，私は野原でみんなが集まって歌っている感じがしました」と，発表したグループの意図とは違うイメージ（感受）を伝える発言もあった。グループ発表を通して新しい歌い方の工夫やイメージに気づいたり，旋律以外の諸要素を【知覚・感受】したりすることができるよう支援していくことも考えられる。　　　（田代若菜）

ワークシート ゆかいに歩けば②

スタッカートとレガートを意識して
《ゆかいに歩けば》の歌唱表現を工夫しよう

班　メンバー（　　　　　　　　　　）

どんなイメージで歌いますか。

ア

どんなイメージで歌いますか。

イ

どんなイメージで歌いますか。

ウ

HAPPY WANDERER THE
MOELLER FRIEDRICH WILHELM/SIEGESMUND FLORENZ
© by BOSWORTH & CO., LTD.
Permission granted by Shinko Music Publishing Co., Ltd.
Authorized for sale in Japan only
日本音楽著作権協会（出）許諾第 2403706-401 号

事例 2

鑑賞《春の海》の単元にみる
構想と価値づけのはたらき

[単元名]
箏や尺八の音色によって表現される多彩な音色を意識して《春の海》を味わって聴こう

[教材]
宮城道雄作曲《春の海》

[学年]
小学校6年生

[指導内容]
箏と尺八の音色と曲想

《春の海》の普遍的な魅力を探り交流する学習過程

経験

温かい感じも鋭い感じも伝わってくる不思議な曲だな

《春の海》を聴き，箏と尺八の音色に気づく。

分析

ティンと尖った箏の音色からは水しぶきを感じたし，ふんわりとした音色からは春の暖かさを感じた

ピューという尺八の音が風のように感じた

音色について【知覚・感受】し，鑑賞への手がかりを得る。

再経験

音色について理解して鑑賞した内容を整理し，紹介文を書く。

評価

はじめとおわりは同じだけど，なかを聞くことで違う場面が伝わってきた

紹介文を交流し，音色についてのアセスメントシート（76頁）に答える。

音楽的思考をどう育てるか **第4章**

■教材の特徴と単元のねらい

《春の海》は箏と尺八による二重奏曲で，邦楽に西洋音楽の手法を取り入れ「Ａ－Ｂ－Ａ形式」で構成されている。Ａの部分は反復する箏の旋律にのって尺八がのびのびとした旋律を奏で，Ｂの部分は箏と尺八がさまざまに掛け合い，曲をとおして多様な音色の美しさを味わうことができる。

《春の海》の箏や尺八の音色からさまざまな様子がイメージされる特徴をもとに，本単元は指導内容を「箏と尺八の音色」に設定した。例えばＡの部分にみられる波がよせては返すような箏の旋律は絃を指で弾く音と爪で弾く音で構成されており，指での柔らかい音から始まることで穏やかな波を想起させる。Ａの中間部からの「シャシャン」と合わせ爪によって奏でられる音色は水しぶきを想起させる。鋭い「尺八の音色」は鳥が鳴いているようである。そして「シャシャシャシャ」と細かな音で叩くように演奏することによって波が立っているように感じ，最後の箏のアルペジオによって波が落ち着くように感じる。このように《春の海》に織り込まれている箏や尺八のさまざまな奏法を聴き，「箏と尺八の音色」を軸としながら楽曲全体への味わいにつなげることが本単元のねらいである。

■単元ではたらく音楽的思考

構　想	「箏と尺八の音色」の特徴を【知覚・感受】し，それらの部分部分を関連づけて《春の海》という楽曲全体のよさや面白さを味わうこと

本授業は「箏と尺八の音色」を意識して鑑賞する学習であり，児童が「面白いな」「気になるな」という音色からさまざまな「情景」がイメージできるようにしたい。例えば柔らかい「箏の音色」から「春の暖かさ」を感じ取ったり，強く息を吹き込んで演奏されることによって生み出された鋭い「尺八の音色」から「鳥の鳴き声」を感じ取ったりすることができる。柔らかかった「箏の音色」が奏法によりはげしい音色に変化していったりする。それら部分部分の音色の特徴（知覚）やイメージ（感受）したことを関連づけながらお話をつくっていくという【構想】が働くことで，単元をとおして楽曲全体のよさや面白さを味わっていくことができるようにする。

価値づけ	【知覚・感受】したことを踏まえて，自分にとっての《春の海》の価値を見いだすこと

音楽を批評することは，判断をすることである。

児童が楽曲とのかかわりのなかで感性をはたらかせながら，音楽の形式的側面を知覚したり内容的側面を感受したりして自分の生活や経験とかかわらせていくことにより，その子にとっての価値が生み出されていく過程を支援することが重要である。

【価値づけ】をはたらかせるために，①単元で獲得する「箏や尺八の音色」という知識を糸口として，これまで学習してきた既有の知識を活用しながら音楽を味わうことができるように図形楽譜づくりやナレーション作品づくりなどの活動を設定し，児童が楽曲への味わいを深められるようにする。そして②お気に入りの場所を選ぶという問いかけを通して，「自分はこの音楽のこういうところが好きだ」と【価値づけ】ができるようにする。

69

事例2 鑑賞《春の海》の単元にみる構想と価値づけのはたらき

■「資質・能力スタンダード」から「単元の評価規準」へ

資質・能力スタンダード（小学校高学年）		
知識・技能	音楽的思考	コミュニケーション／興味
●イメージを表現し，伝えるために，表現媒体や用語を選択し，適切に使っている。	【構想】イメージを根拠に，音や音楽の部分を関連づけて，音楽をとらえる。 【価値づけ】自分の気に入った音や音楽を選択し，根拠をもって人に伝えている。	【コミュニケーション】音によるイメージの実現を目的として，他者と協力して音楽活動に参加している。 【興味】目的とそのために必要な手段を選択して，積極的に音楽活動に取り組んでいる。

▼　　　　　　　　　▼　　　　　　　　　▼

教材の特徴と単元のねらい（69ページ参照）

▼　　　　　　　　　▼　　　　　　　　　▼

単元の評価規準《春の海》		
知識・技能	思考・判断・表現	主体的に学習に取り組む態度
①アセスメントシートに用語（箏と尺八の音色）についての理解を示している。 ②箏と尺八の音色について理解して楽曲全体の味わいを人に伝えている。	①箏と尺八の音色の特徴を知覚し，それが生み出す特質を感受している。 ②箏と尺八の音色を手がかりに，楽曲全体を見通して紹介文を書いている。	①箏と尺八の音色に興味をもち，主体的・協働的に鑑賞活動に取り組んでいる。

TIPS **教材《春の海》を知る**（教材解釈を深め，授業デザインに生かす）[23]

　《春の海》は昭和5年（1930年）の宮中歌会始目の勅題「海辺の巖」にちなんで，前年の12月に作曲されたものであり，作曲者は「だいたいの気分は，私が瀬戸内海を旅行した際に，瀬戸内海の島々の綺麗な感じ，それを描いたもので，ここが波の音とか，ここが鳥の声といってしまうと面白くないが，だいたいはのどかな波の音とか，船の櫓を漕ぐ音とか，また鳥の声というようなものを織り込んだ。曲の途中で少しテンポが速くなるところは，船唄を歌いながら櫓を勇ましく漕ぐというような感じを出したものである。」（宮城道雄『春の海』講談社，1993，p.160）と，あえて詳細な解説はせずに，聴き手が想像豊かに曲を聴くことを期待していた。本単元もナレーション作品をつくる活動をとおして，児童たちが曲のよさを豊かに味わって聴くことができるように展開したい。

音楽的思考をどう育てるか **第4章**

■音楽的思考のはたらきを促す単元の展開例　[全3時間]

学習活動	音楽的思考のはたらき	学習評価
経験 《春の海》を聴き，箏と尺八の音色に気づく。		
○曲名と作曲者，また作曲者の生い立ちを知る。 ○《春の海》の冒頭部分を聴き，どんな感じの曲だと感じたかを発表し合い，箏と尺八で演奏されていることを確認する。 ○《春の海》を聴き，丸か三角から図形を選択し図形楽譜に表し，選んだ理由について交流する。 ○さらに《春の海》のＡの部分を聴きながら音色に合う色を図形に塗り，なぜその色を選んだのかについて交流しながら箏と尺八の音色の特徴を整理する。		
分析 箏と尺八の音色について【知覚・感受】し，鑑賞への手がかりを得る。		
○つくった図形楽譜について交流し，箏と尺八の音色について，【知覚・感受】する。 ○音色という用語について知る。 ○演奏動画を視聴し，音色と奏法を関連づける。		思①
再経験 箏と尺八の音色について理解して鑑賞し，《春の海》についての紹介文を書く。		
●《春の海》の続きを聴き，面白いと思った音色を見つけ，感じたことを付せんに書き，ホワイトボードで共有する。	【構想】 箏と尺八の音色について【知覚・感受】したことを付せんに書いたり，お話をつくったりしている。	主①
○見つけた音色やそれらが生み出す雰囲気や情景についてグループで交流してお話をつくり，音楽に合わせてナレーションを付けて，タブレット端末に録音する。 ○ほかの班の作品を聴き，気になったところやよかったところについて交流する。		
●《春の海》を聴いて紹介文を書く。	【価値づけ】 箏と尺八の音色を手がかりに，自分なりの味わいを紹介文に書いている。	思② 知・技②
評価 紹介文について交流し，「箏と尺八の音色」についてのアセスメントシートに答える。		
○紹介文について交流する。 ○アセスメントシートに答える。		知・技①

CLOSE UP
01

CLOSE UP
02

71

事例2　鑑賞《春の海》の単元にみる構想と価値づけのはたらき

CLOSE UP 01　音楽的思考 構想 がはたらく場
気になった音色をもとにお話をつくり，ナレーション作品をつくる

■授業デザインをどう工夫するか
気になった音色を付せんに書き出してホワイトボードで共有し，お話をつくる
　音楽を聴きながら気になった音色を付せんに書き出し，ホワイトボードに貼っていき，それらをもとにお話をつくっていく。あらかじめホワイトボードには，楽曲の流れを示しておく。

自分たちのペースで何度も音楽を聴く
　例えば《春の海》の音源を授業支援アプリを使ってタブレット端末に配信するなどして，個々人で音源を聴くことのできる環境を準備する。個人で聴くときにはイヤホンで，またグループで聞くときにはマルチイヤホンスプリッターを使わせるなどして，自分たちのペースで再生したり，聴きたい部分を繰り返し聴いたりするなど，より自分の思考に沿った聴き方をできるように支援する。

音楽に合わせてナレーション作品をつくる
　音楽に合うように自分たちが考えたお話を録音することを意識させて，児童がさらに楽曲を何度も聴き，味わうことにつながっていくようにする。

■音楽的思考の発揮を支えるポイント
気になった音色を付せんに書き出しホワイトボートで共有し，お話をつくる
　本単元では「部分部分をつないでまとまりをもって音楽を捉える」という【構想】が発揮できるように，ホワイトボードを活用する（図9）。各々が記した付せんがホワイトボードに貼り出されることで，楽曲の流れを意識しながらお話を【構想】することができるようにする。
　付せんは色分けして誰の考えかわかるようにする。大きめのホワイトボードはグループで共有しやすく，言葉だけでなくイラストも描いたりすることができることから，いろいろなアイデアを出し合いながら活動を進めることができる。
　付せんのメモをもとに音源を聴いていく。

思考を可視化しながら，深める
　ホワイトボードに付せんを貼ることで思考が可視化されるだけでなく，実際の音と関連づけることによって，より【知覚・感受】が深まる。

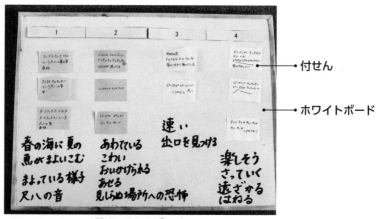

図9　ワークボード

音楽的思考をどう育てるか **第4章**

■音楽的思考のはたらきをどう見取り，育てるか

[児童 b のナレーション作品の内容より]

> タッタラ　タッタッタ　ピュロという尺八と箏の
> 音色
> 最初

> タッタラ　タッタッターという尺八の音色
> 中

> ターラタッタ　ターラタッタ　ターラタッタラー
> という尺八の音色
> 最後

> ・春の海に，夏の魚が迷い込む
> ・迷っている様子　尺八の音

図10　児童 b のワークボードより

> 児童 b の付せんの記述。児童 b のグループは春の海に魚が迷い込み，そして最後は去っていくという展開を考えた。

> ここは暖かい春の海。おや，なんでしょうか。魚ですね，それも夏の魚のようです。何があったのでしょうか。くるくる回りながら泳いでいます。何か迷っているようです。あの魚はこの春の海に迷い込んできてしまったようです。出口がわからなくて困っている様子です。さっきから同じところを行ったり来たり，ぐるぐるしています。この後，魚はどうなってしまうのでしょうか。

図11　児童 b が考えたお話（ナレーション）

> 児童 b は箏と尺八の柔らかい音色から「なんだかあったかい感じ」と発言した。そして B の初めの部分について，箏と尺八の掛け合いの起伏のある旋律の動きから，魚が泳いでいることをイメージしたのである。同じ旋律が何度も繰り返され，尺八の旋律が下降していくことで，夏の魚がくるくる回って春の海に迷い込んでいることをイメージし，左記のようなお話（ナレーション）を考えた。

[児童 b の学習状況の評価と学習状況を踏まえた次の展開]

■図10や活動中の発言において，児童 b は箏と尺八の多様な奏法が生み出す音色を軸として，箏と尺八の掛け合いや旋律の動きに着目しながら思考することができている。「気になった音色」という部分を関連づけながらお話をつくっていっていることから，【構想】をはたらかせながら思考していることがわかる。

■次の展開として，作成したナレーション作品（図11）をもとに交流することが考えられる。実際の授業では授業支援アプリを活用して作品を共有し，互いの作品を聞き合った。気になった音色や音楽に合わせて録音したことで，音楽のどの部分からイメージ（【知覚・感受】）したか伝わりやすかった。児童も「あそこのあれ，わかる。絶妙だよね」と納得していた。他者の作品を聴く活動をとおして，多様な味わいを知ることにつながるようにしていく。

73

CLOSE UP 02

音楽的思考 価値づけ がはたらく場

《春の海》についての批評文を書く

授業デザインをどう工夫するか

イメージしたことを「情景」として書く

児童が感性を発揮しその子なりの味わいを表出するためには，楽曲から何をイメージしたかを記させることが大切である。≪春の海≫には聴き手がさまざまな様子を思い浮かべることができるように色々な奏法が織り込まれている。そこでワークシートの問いを「音楽とその『情景』が目に浮かぶような紹介文を書きましょう。この曲の好きなところも書きましょう」と設定して，児童がどのようなことを感じ取ったのかを音楽とかかわらせながら記述できるようにする。

好きなところを書くことで【価値づけ】の場所を特定する

自分のお気に入りの部分を特定させることは，自分なりの味わいを伝えることにつながる。《春の海》の楽曲全体の味わいを記述させ，さらに好きなところを特定させて，音楽をより具体的にとらえていくことにつなげていく。

学習履歴を確認しながら紹介文を作成する

授業支援アプリにはアプリを使って作成した図形楽譜やテキストカード等だけではなく，付せんやワークボードなども写真に撮って記録させておき，自分がこれまでどのような音色が気になったのか（知覚），そこから何を感じ取ったのか（感受）などを振り返ることができるようにする。自分の学習履歴を振り返るように促し，あらためて楽曲全体を聴いて，その味わいを紹介文に書くようにする。

音楽的思考の発揮を支えるポイント

ワークシートの問いを工夫する

ワークシート（アセスメントシート，図12）に「音楽とその情景が目に浮かぶような紹介文を書きましょう。そのとき，『箏』『尺八』『音色』という言葉を使うようにしましょう。また，自分がこの曲のどんなところが好きかも書きましょう。」という問いを設定して，児童が**【価値づけ】**を発揮できるようにする。

ワークシートの仕掛けを工夫する

その子なりの**【価値づけ】**を引き出すために，「私の好きなところは，○○です。なぜかというと……」という文を付け，理由を記載することを確実に促す。

さらに提示の際にも「箏」「尺八」「音色」という言葉を使うように促すことで，音楽的特徴をとらえながら書くことができるようにする。

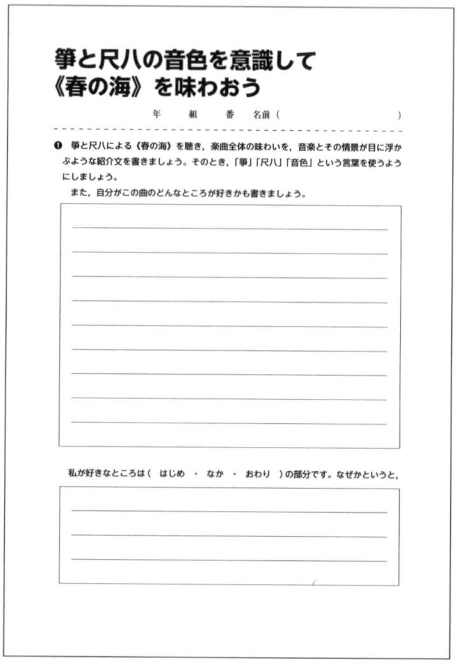
箏と尺八の音色を意識して
《春の海》を味わおう

年　組　番　名前（　　　　）

❶ 箏と尺八による《春の海》を聴き，楽曲全体の味わいを，音楽とその情景が目に浮かぶような紹介文を書きましょう。そのとき，「箏」「尺八」「音色」という言葉を使うようにしましょう。
また，自分がこの曲のどんなところが好きかも書きましょう。

私が好きなところは（　はじめ　・　なか　・　おわり　）の部分です。なぜかというと，

図12　ワークシート（アセスメントシート）の前半部（76頁も参照）

音楽的思考をどう育てるか 第4章

■音楽的思考のはたらきをどう見取り，育てるか
[児童ｃと児童ｄのワークシートの記述内容より]

私が好きなところは，**なか**の部分です。なぜかというと，不安になる音，元気の出る音，疑問になる音，はねる音，ノリがでる音など，様々な音がたくさんつまっています。そして，箏と尺八が駆け引きをしているような繰り返しのメロディーも，これからどうなるのだろうと，心をワクワクさせるからです。

児童ｃは「多彩な箏や尺八の音色」や「掛け合いの面白さ」「反復される旋律」に価値を見いだしている。

図13　児童ｃの記述

私が好きなところは，最後の部分です。なぜかというと，**はじめ**と同じ音楽が繰り返されるけれど，**なか**の部分があることで，**はじめ**とはまったく違う情景を思い浮かべることができるからです。

児童ｄは「Ａ－Ｂ－Ａ形式」という構造の面白さに価値を見いだしている。

図14　児童ｄの記述

[児童ｃと児童ｄの学習状況の評価と学習状況を踏まえた次の展開]

■図13において児童ｃは多様な箏や尺八の音色，掛け合いや反復される旋律によって生み出されるワクワク感に価値を見いだしており，図14において児童ｄは「Ａ－Ｂ－Ａ形式」が生み出す「情景」の変化に価値を見いだしている。楽曲において音楽を特徴づけている要素や音楽の仕組みを特定したり部分を特定したりすることを通して，「自分のお気に入り」という【価値づけ】をすることができるようにする。

■次の展開として，自分自身が見出した《春の海》のお気に入りの部分について，実際に音楽の部分を示したりしながら伝える展開が考えられる。例えば児童ｃが記した「元気の出る音」「疑問になる音」「はねる音」「ノリがでる音」などを，実際に音楽のどの部分かを示しながら他者に伝えることによって，より【価値づけ】の根拠を明確にできるようにする。批評文に記述させるだけでなく，タブレット端末の機能にある音声再生機能や録音機能などを使いながら，「音声付き紹介カード」などの形で紹介させることが考えられる。

(髙橋詩穂)

75

ワークシート 春の海

箏と尺八の音色を意識して
《春の海》を味わおう

年　　組　　番　名前（　　　　　　　　　　　　　　）

- -

❶　箏と尺八による《春の海》を聴き，楽曲全体の味わいを，音楽とその情景が目に浮かぶような紹介文を書きましょう。そのとき，「箏」「尺八」「音色」という言葉を使うようにしましょう。

　　また，自分がこの曲のどんなところが好きかも書きましょう。

　私が好きなところは（　はじめ　・　なか　・　おわり　）の部分です。なぜかというと，

❷ 二つの《さくら》の演奏を比べましょう。

　　１の演奏と比べて，２の演奏はどのような良さや面白さがありますか。「音色」と自分
が感じたことをかかわらせて，擬音語を使って，説明しましょう。

例：ジャジャジャジャジャンというはじくような音色から，水の滴が散っているように感じた。

```
┌─────────────────────────────────────────────────────────┐
│                                                         │
│                                                         │
│                                                         │
│                                                         │
│                                                         │
│                                                         │
│                                                         │
└─────────────────────────────────────────────────────────┘
```

❸ 学習を振り返りましょう。

　①箏と尺八の音色に注目して，面白い音や気になる音を見つけることができた。

　　　　４　　　３　　　２　　　１

　②グループ活動で，お話づくりのアイディアを言うことができた。

　　　　４　　　３　　　２　　　１

　③他のグループのお話に，よかったところを見つけることができた。

　　　　４　　　３　　　２　　　１

　単元の学習を振り返りましょう。

```
┌─────────────────────────────────────────────────────────┐
│                                                         │
│  ─────────────────────────────────────────────────────  │
│                                                         │
│  ─────────────────────────────────────────────────────  │
│                                                         │
│  ─────────────────────────────────────────────────────  │
│                                                         │
│  ─────────────────────────────────────────────────────  │
│                                                         │
│  ─────────────────────────────────────────────────────  │
│                                                         │
└─────────────────────────────────────────────────────────┘
```

事例 3

鑑賞《魔王》の単元にみる
構想と価値づけのはたらき

[単元名]
声の音色の違いを意識して≪魔王≫を味わって聴こう *24

[教材]
F. シューベルト作曲 《魔王》

[学年]
中学1年生

[指導内容]
声の音色と曲想

自分なりの《魔王》の魅力を見いだす学習過程

経験

魔王がどんな存在かを考え，声の音色の違いに着目しながら《魔王》を聴く。

分析

《魔王》を聴き【知覚・感受】したことについてグループで交流し，楽曲の解釈を深める。

再経験

分析内容をもとに再度《魔王》を聴き，声の音色に着目した批評文を書く。

評価

批評文の交流などをとおして，単元で学んだことを振り返る。

■教材の特徴と単元のねらい

《魔王》は一人の声楽家が歌う歌曲で，3人の登場人物（＋語り手）のキャラクターを音楽のさまざまな要素を駆使して描き分けている。キャラクターを描き分ける要素として最も顕著なものは「調性」だが，中学1年生の授業で生徒全員が【知覚・感受】できる事項として「調性」を設定することはむずかしいと判断して，本単元では指導内容を「声の音色」に設定している。

《魔王》における「声の音色」は，子を誘惑する魔王は甘く優しい声で，恐怖に怯える息子は叫びのような力のこもった声で，そして愛情と不安に苛まれる父親は毅然としながらも恐怖に満ちた声へと変化する，といったように歌い分けがなされていく。3人の登場人物の心情の変化がどのように音楽に反映されているかを考えて，「声の音色」の違いを糸口としながら楽曲全体の味わいにつなげることが単元のねらいである。

■単元ではたらく音楽的思考

構　想	それぞれの声の特徴を【知覚・感受】したうえで，それら部分部分を関連づけて《魔王》という楽曲全体がもつ変化を味わうこと

《魔王》はたった3分弱の短い歌曲でありながら，3人の登場人物（＋語り手）が登場する。それぞれの登場人物の心情の変化やキャラクターを一人の声楽家が「声の音色」を自在に変えて歌い分けている。例えば「子」は最初は弱々しく「父」に対して懇願するような声で歌うが，次第に「魔王」が迫ってくる恐怖を感じ，声を張り上げていく。「声の音色」を変えるだけでなく，「調性」も変化させるなど音程にも変化がみられる。

それぞれの「声の音色」の特徴を味わうだけでなく，それらがどう変化していくか，どう登場人物が入れ替わって場面の緊迫感がもたらされているか，そして結末に向かってどう加速していくかなど，生徒が各場面を関連づけて楽曲全体の変化を味わうことができるようにしたい。「（図15，82頁）③のときの子は弱々しい声を出していたが，⑥や⑨になると『助けて』と言わんばかりの強めの声に変わり，最後の⑫は『おとうさん信じて！　本当に魔王がいる！』という緊迫感全開の壮絶な声の表現にかわる」といったように，刻々と変化する声の移り変わりをとらえて【知覚・感受】することで，「声の音色」を通して《魔王》の醍醐味を味わうことができる。

価値づけ	これまで【知覚・感受】してきたことを踏まえて，自分にとっての《魔王》の価値を見いだすこと

ここで重要なのは「自分にとって」という部分である。楽曲の普遍的な価値を見いだす以前に，まず「自分にとってその曲がどういう価値があるか」という対し方をすることで，【価値づけ】を深めることができる。それには批評者（学習者）自身が音楽の形式的側面を知覚し，内容的側面を感受したうえで，自らの経験や感性をかかわらせて「自分にとっての価値」を見いだすことが求められる。そこで本単元は【価値づけ】の能力が発揮できるよう，①「声の音色」を手がかりとして《魔王》の音楽的特徴を【知覚・感受】し，自分なりのイメージをもつ，②そのうえで，自分にとって《魔王》がどういう価値があるかについて批評する，という手続きを踏む。

事例3 鑑賞《魔王》の単元にみる構想と価値づけのはたらき

■「資質・能力スタンダード」から「単元の評価規準」へ

資質・能力スタンダード（中学校）		
知識・技能	音楽的思考	コミュニケーション／興味
●イメージを表現し，伝えるために，表現媒体や用語を必要に応じて取捨選択し，それらを適切に使っている。	【構想】イメージを根拠に，音や音楽の部分を関連づけて，まとまりある音楽としてとらえている。 【価値づけ】自分の気に入った音や音楽を根拠をもって選択し，その音楽が人々の生活や社会にとってどういう価値があるのか，人に伝えている。	【コミュニケーション】音によるイメージの実現を目的として，他者と協力し，意見を調整しながら音楽活動に参加している。 【興味】目的とそのために必要な手段を吟味し，試行を重ねて音楽活動に取り組んでいる。

教材の特徴と単元のねらい（79ページ参照）

単元の評価規準《魔王》		
知識・技能	思考・判断・表現	主体的に学習に取り組む態度
①アセスメントシートに用語（声の音色）についての理解を示している。 ②声の音色について理解して楽曲のよさを味わいイメージしたことを，根拠をもって言葉で人に伝えている。	①声の音色の特徴を知覚し，それが生み出す特質を感受している。 ②声の音色を手がかりに，楽曲全体を見通して批評文を書いている。	①声の音色に興味をもち主体的・協働的に鑑賞の学習活動に取り組んでいる。

TIPS **教材《魔王》を知る（教材解釈を深め，授業デザインに生かす）**[*25]

　　F. シューベルト作曲《魔王》は，60年近くにわたって日本の中学校の音楽教科書に掲載されてきた鑑賞教材である。時代を経て今もなお日本の中学生にとって最も印象深い教材の一つである。これほどまで長きにわたってわれわれを魅了してきた理由として，その強烈な物語性とF. シューベルトによる変幻自在な歌曲である点があげられる。

　　この曲が生まれた1815年はロマン派の時代として区分されており，和声的音楽を主流としながら調性や音階を駆使することで，より表現領域の拡張を図った時代とされている。《魔王》においても，優しく誘惑する魔王を長調で，悲鳴をあげる子どもを短調で構成し，短い歌曲にもかかわらず，長調から短調への瞬時の転換が多用され，それによって曲全体に緊迫感がもたらされ，劇的表現をもった歌曲となっている。

音楽的思考をどう育てるか **第4章**

■音楽的思考のはたらきを促す単元の展開例　[全2時間]

学習活動	音楽的思考のはたらき	学習評価
経験 《魔王》を聴いて，4人の登場人物による「声の音色」の違いに気づく。		
○「魔王」と聞いてどんな存在を想像するか考える。 ○何人の人物が登場するか考えながら曲を聴き，推測したことについて交流する。 ○登場人物とかれらの関係性について知る。 ○楽曲全体を13に分け，冒頭部分（1〜5）を聴き，どの場面でどの登場人物が出てくるかを予想し，ワークシートに付せんを貼る。また貼った理由を考える。 ○グループおよび全体で，付せんをどのように貼ったか確認しながら，なぜその場面がその人物だと思ったのかについて交流する。 ○どのような順に人物が登場しているかを確認し，全曲とおして聴く。		
分析 《魔王》の4人の登場人物による「声の音色」の違いについて【知覚・感受】し，鑑賞への手がかりを得る。		
○曲の続き（6〜13）を聴いて，同じように付せんを貼っていく。 ○グループおよび全体で付せんを確認し，登場順を確認する。		
○登場人物の気持ちと「声の音色」をかかわらせて，声の音色がどのように変化していったか，【知覚・感受】したことをワークシートに記入する。 ○グループおよび全体で，【知覚・感受】したことについて交流する。	【構想】 「声の音色」について【知覚・感受】したことをワークシートに記入している。	思①
○日本語訳をとおしてストーリーについて確認する。		
再経験 「声の音色」の違いを手がかりに《魔王》を鑑賞し，批評文を書く。		
○《魔王》を聴いて批評文を書く。	【価値づけ】 「声の音色」を手がかりに，自分なりの味わいを批評文に書いている。	主① 思② 知・技②
評価 批評文を交流し，単元の学習内容を振り返る。		
○各自が書いた批評文をもとに交流する。 ○アセスメントシートに答える。		知・技①

CLOSE UP 01

CLOSE UP 02

81

事例3　鑑賞《魔王》の単元にみる構想と価値づけのはたらき

CLOSE UP 01　音楽的思考 構想 がはたらく場

登場人物の気持ちと「声の音色」がどのように変化していったか，【知覚・感受】したことをワークシートに記入する

■授業デザインをどう工夫するか

ワークシートに，言葉だけでなく，線や記号も使って記入する

ワークシート（図15）に，音源を聴きながら「こことここはこうつながっている」「ここからここはこう変化している」といったように，生徒自身が考えたことを言葉だけでなく，線や記号も用いて記入していく。

自分のペースで何度も音楽を聴く

生徒が自分のペースで再生したり聴きたい部分を頭出ししたりするなど，より自分の思考に沿った聴き方ができるように，例えば一人一台端末で《魔王》の音源をそれぞれ再生させるなどして支援する。

ワークシートを記入する際に工夫したことを交流する

例えば線や記号を使って部分を関連づけた書き方を工夫している生徒がいれば，「こういう書き方をすれば変化がわかりやすいですね」とクラス全体に紹介し，ほかの生徒たちも音楽の見方を広げられるように支援する。

■音楽的思考の発揮を支えるポイント

ワークシートを工夫する

本単元のワークシートは「部分部分をつないでまとまりをもって音楽を捉える」という【構想】が発揮できるように工夫している（図15）。特に各部分（①〜⑬）の音楽の特徴を関連づけることができるよう罫線は引かず，フリースペースにしている。提示する際は言葉だけでなく，線でつないだり矢印や記号を書き込んだりすることで，生徒自身が思考した内容を可視化できるように支援していく。

音楽的思考【知覚・感受】を可視化する

図15のようなワークシートを使い，登場人物の「声の音色」を【知覚・感受】するだけでなく，楽曲全体をとおして「声の音色」「調性」や強弱がどう変化していくかなどを考えて，部分をつなぎあわせて楽曲全体を俯瞰的にとらえることで楽曲の醍醐味を味わうことができるようにしていく。

図15　ワークシート①（86頁も参照）

■音楽的思考のはたらきをどう見取り，育てるか

[生徒aのワークシート記述内容より]

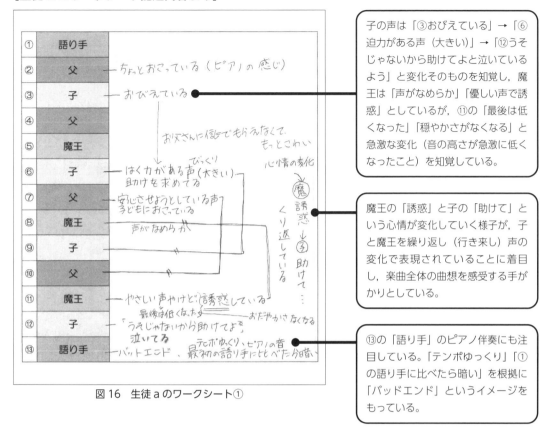

図16　生徒aのワークシート①

[生徒aの学習状況の評価と学習状況を踏まえた次の展開]

■ 図16において，生徒aは「子」「父」「魔王」「語り手」それぞれの「声の音色」がどう変化しているか（知覚），それに伴ってどのように楽曲の雰囲気が変わっていったか（感受）について，線や記号を使って関連づけ，思考することができている。つまり，部分を関連づけて登場人物の心情の変化やストーリーの展開を感じ取っていることから，楽曲全体を俯瞰的に捉えるという【構想】が発揮されていると読み取ることができる。

■ 次の展開として，ここに記述した内容についてグループあるいはクラス全体で交流することが考えられる。実際の授業では，この生徒が「最後の語り手のところがバッドエンド感がする」と発言し，その部分の音源をクラス全員で確かめることとなった。すると，ほかの生徒からも「本当だ！」「父親は子を守れなかった……」「父親が守れなかったんだ！」「（ピアノがないから）語り手の声を際立たせている」「語り手が間をおいてためらうように歌っているのが，何かが起こった感じがする」と口々に共感的な反応が示された。個々に【知覚・感受】したことをクラス全体で「音をとおして」共有することで，さらに詳細に【知覚・感受】することができるようにしていく。

CLOSE UP 02　音楽的思考【価値づけ】がはたらく場

《魔王》についての批評文を書く

授業デザインをどう工夫するか

自分の感性でとらえた魅力について書く

自分は《魔王》のどのようなところを面白いと感じているか，それぞれの生徒が自らの感性をもって**【価値づけ】**できるよう，ワークシートの問いを「あなたが感じた《魔王》の曲の魅力について書きましょう」と設定する。それぞれの生徒が自分なりに感じた魅力を書くことができるような問いを準備して，思考して**【価値づけ】**たことを言葉で表現できるようにする。

自分が【知覚・感受】したことを根拠に書く

【価値づけ】は音楽的特徴について**【知覚・感受】**したことを根拠にして書くことができる。一人一人の生徒が自身の**【知覚・感受】**を依りどころとして**【価値づけ】**が発揮できるよう，例えば前時に書いたワークシートを見るよう促したり，そのときの板書を記録しておいて電子黒板に映したりするなどして，**【知覚・感受】**したことを思い出せるような環境を準備する。

【価値づけ】の場所を特定する

【価値づけ】るところを特定することで，より「自分にとって」の度合いは増す。中学校の鑑賞教材となると，ともすれば５分以上の長い楽曲が対象になる場合もあるが，自分のお気に入りの場所を「ここ！」と特定できることは，音楽を詳細かつ具体的に認識していると言い換えることもできる。より具体的に意識を向けさせるためにも「音楽のどこに魅力を感じているか，具体的に書きましょう」と助言するとよい。

音楽的思考の発揮を支えるポイント

ワークシートの問いを工夫する

生徒が**【価値づけ】**を発揮するために，「あなたが感じた《魔王》の曲の魅力について書きましょう」という問いを設定したワークシート（図 17）を提示する。「自分にとっての価値」を引き出すために「あなたが感じた魅力」と限定したこと，また「理由を明らかにして」という文言を入れることで，自分なりに**【知覚・感受】**したことを手がかりにして記述できるように問いを工夫した。

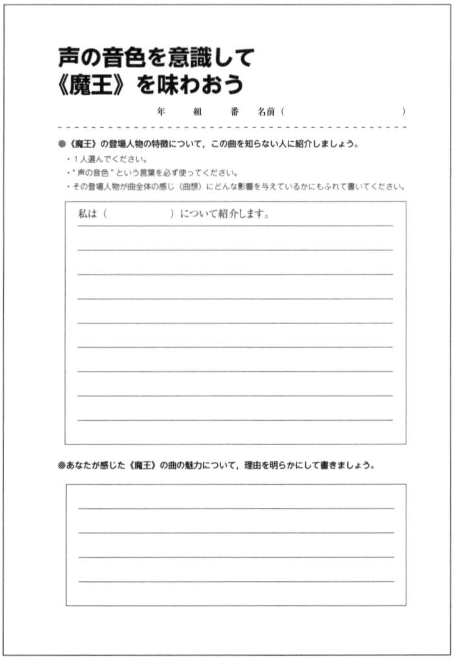
声の音色を意識して
《魔王》を味わおう

年　組　番　名前（　　　　　　）

※《魔王》の登場人物の特徴について，この曲を知らない人に紹介しましょう。
・１人選んでください。
・"声の音色"という言葉を必ず使ってください。
・その登場人物が曲全体の感じ（曲想）にどんな影響を与えているかにもふれて書いてください。

私は（　　　　　）について紹介します。

※あなたが感じた《魔王》の曲の魅力について，理由を明らかにして書きましょう。

図 17　ワークシート②（87 頁も参照）

音楽的思考をどう育てるか **第4章**

■音楽的思考のはたらきをどう見取り，育てるか

[生徒bと生徒cの記述内容より]

> 　魔王は架空の人物なのに魔王の威圧などがよく表現できているし，言葉だけでなくピアノの音の高さでも表現できているのがとても面白いし，父の声の低さは父の強さを表しているともとらえられる。その父でも魔王がわからなくて，何もできないまま子供が連れていかれるという，その最後の語り手やピアノの表現の仕方が，言葉がわからない自分でも伝わってくるからです。音は世界共通！

図18　生徒bの記入例

> 生徒bは《魔王》の価値を「魔王の威圧」「父の声の低さから感じられる父の強さ」「ピアノの音の高さ」「最後の語り手やピアノの表現の仕方」に見出している。また「言葉（ドイツ語）がわからない自分にも伝わってくる」と記述しているところからも，音楽そのもののもつ表現の豊かさにも言及している。

> 　声の音色とピアノが合ってるし，バッドエンドっていう面白さと，音や声の大きさの上げ下げがたくさんあって，どんどんヒートアップしていって最後暗く終わるっていう感じが聞き終わっても面白いし，聞くたびにもっと面白くなることが面白い。

図19　生徒cのワークシート②

> 生徒cは「声の音色とピアノの重なり」「バッドエンドという面白さ」「どんどんヒートアップするところ」「最後は暗く終わる感じ」に《魔王》の価値を見いだしている。

[生徒bおよび生徒cの学習状況の評価と学習状況を踏まえた次の展開]

■図18において生徒bはおもに「声の音色」やピアノ伴奏による魔王の威圧感や父の威厳に価値を見いだしており，いっぽう図19において生徒cは曲の最後の語り手の部分に魅力を感じ，語り手の声とピアノ伴奏との絶妙な重なりに「バッドエンドという面白さ」という自分なりの価値を見いだしている。このように楽曲において，音楽を形づくっている要素を特定したり，場所を特定したりすることをとおして「自分はこの部分が好き」という【価値づけ】が実現する。

■次の展開として，自分自身が見いだした《魔王》の魅力について，根拠を示しながら人に伝えるという展開が考えられる。例えば生徒cが見いだした「《魔王》のバッドエンド感」という包括的なイメージをその後の批評文作成にも生かすよう，音楽のどこからそんなふうに感じたか（根拠），その「バッドエンド感」は《魔王》という楽曲にどういう味わいをもたらしているか，を視点にして批評文を書くようフォローすることもできる。鑑賞の授業では，【知覚・感受】したことを根拠に価値判断し，それを言語にして人に伝えることは鑑賞の【技能】としてみることができる。このように【価値づけ】は，のちの鑑賞の【技能】につながる音楽的思考の過程として重要な役割を果たしているといえる。

（清村百合子・柿谷隆子）

ワークシート 魔王①

声の音色を意識して
《魔王》を味わおう

年　　組　　番　名前（　　　　　　　　　　　　）

● "声の音色" について気になった場面はどこですか？　印や矢印などを書き込みましょう。
　また，どんなことが気になったのか，なぜ気になったのかを書きましょう。

1	語り手	
2	父	
3	子	
4	父	
5	魔王	
6	子	
7	父	
8	魔王	
9	子	
10	父	
11	魔王	
12	子	
13	語り手	

86

ワークシート 魔王②

声の音色を意識して
《魔王》を味わおう

年　　　組　　　番　　名前（　　　　　　　　　　　　　　）

● 《魔王》の登場人物の特徴について，この曲を知らない人に紹介しましょう。

・1人選んでください。
・"声の音色"という言葉を必ず使ってください。
・その登場人物が曲全体の感じ（曲想）にどんな影響を与えているかにもふれて書いてください。

私は（　　　　　　　　）について紹介します。

● あなたが感じた《魔王》の曲の魅力について，理由を明らかにして書きましょう。

87

事例4

歌唱《箱根八里》の単元にみる
知覚・感受と発想のはたらき

[単元名]
アーティキュレーションを意識して
《箱根八里》の歌唱表現を工夫しよう

[教材]
瀧廉太郎作曲 《箱根八里》

[学年]
高等学校1年生

[指導内容]
アーティキュレーションと曲想

《箱根八里》の情景を描く歌唱表現を追究する学習過程

経験

箱根山を中国の函谷關と比べているね

中学校で歌った《荒城の月》と歌の感じがずいぶん違うね

《箱根八里》を歌って歌の雰囲気や旋律の動きを感じる。《箱根八里》はどのような情景が歌われているのか、歌の文化的・歴史的背景について調べる。

分析

	言葉をどのように歌っているか	どんな情景が伝わってきたか
歌いA方の	・1音1音区切って歌っている。 ・元気よく切って、力強く歌っている。	・意気揚々と晴天を歩く。 ・山の険しさがより強調されている。
歌いB方の	・1つ1つの言葉が伸びるように歌っている。 ・滑らかに歌っている。	・箱根山の壮大なスケールが感じられる。 ・雄大な山が高くそびえている様子が伝わる。

《箱根八里》の冒頭4小節におけるアーティキュレーションの異なる歌い方を比較聴取し、アーティキュレーションと情景について【知覚・感受】する。

再経験

「箱根の山は天下の険」は箱根山の険しさを誇るように、ゆっくりと力強いスタッカートで歌おう

伝えたい情景が表現できるように、アーティキュレーションやそれ以外の要素（強弱やフレーズなど）を意識して歌い方を創意工夫する。

評価

特に「雲は山を巡り」の部分は、風や雲、影のすべてが生き生きとしている様子を表現するために、なめらかに発音し、さらにaccel.でテンポを上げ抑揚を付けました

そういう工夫もあったか……！

《箱根八里》のグループごとに演奏発表し、歌唱表現を創意工夫した成果を交流する。アセスメントシートに答え、《箱根八里》1番を独唱する。

音楽的思考をどう育てるか **第4章**

■教材の特徴と単元のねらい

　本単元は《箱根八里》の歌い方を特徴づけるアーティキュレーションに着目して，指導内容を設定した。理由の一つ目は，アーティキュレーションを意識して歌い方を変えることで，伝わる情景が変わるからである。例えば「雲は山をめぐり」をスタッカートで歌えば次々と雲が山にかかる様子が浮かび，スラーで歌えば雲が山を覆い尽くす様子が浮かぶ。理由の二つ目は，《箱根八里》の原譜にアーティキュレーションを示す記号が少なく，どのように歌えば伝えたい箱根八里の情景が表現できるか，生徒が自分で歌い方を考える必然性が生まれるからである。

■単元ではたらく音楽的思考

知覚・感受　アーティキュレーションについて【知覚・感受】し，知覚したことと感受したこととのかかわりについて考えること

　もともと《箱根八里》は無伴奏の歌曲で，旋律譜だけが存在した。瀧廉太郎は旋律の要所に速度記号や強弱記号を記したが，一音をどのようなアーティキュレーションで歌うかについては数箇所にアクセント記号を記したにとどまり，アーティキュレーションは歌い手にゆだねられている。

　アーティキュレーションを工夫して歌う活動の前に，生徒がアーティキュレーションによる表現効果の違いを【知覚・感受】して面白さを味わい，自分でもアーティキュレーションを工夫して歌ってみたいと思えることが大切である。そこで［分析］の場面は，《箱根八里》の冒頭4小節の旋律について，すべての音をスタッカート気味にした歌い方と全体的にスラーを付けた歌い方の2種類の演奏を比較聴取させ，「どのような歌い方で歌っているか」について，例えば「一つ一つ区切っている」「伸びるようにつなげている」と知覚できるようにする。さらに，それぞれの歌い方からどのような情景（感じ・雰囲気・様子）が感じ取れるかについて，例えば「意気揚々と歩く様子が伝わる」「高くそびえる山々の雄大さを感じる」など自分なりのイメージを言葉で書いたり発言したりして感受できるようにする。

発　想　アーティキュレーションや既知の要素（速度，強弱，フレーズなど）を意識してどのように歌い方を工夫すれば自分たちが伝えたい歌の情景を表現することができるのか，歌い方のアイデアを出すこと

　本単元では，歌詞を構成する一つ一つの音をどのように切ったり伸ばしたり強調したりしながら歌うかについて，伝えたい情景を拠りどころに生徒同士で考えを伝え合い，歌い方についての【発想】を拡げ，協働的に歌唱表現を創意工夫する過程を重視する。

　例えば，旋律の歌い方を考える場面で「山の険しさを表現するためにすべてスタッカートで歌おう」という生徒がいれば，「最初は武士が山を愉快に歩いていくように滑らかに上行して歌ったほうがいい」という生徒もいる。また，途中の歌詞「杉の並木」の部分では「温かみのある風が吹いてくるように，少し優しくmfで歌おう」という生徒に呼応して，「山の中の美しさが伝わるように『すぎの』と『なみき』というフレーズにスラーを付けて滑らかに歌いたい」と発言する生徒もいる。このようにアーティキュレーションを意識した歌い方と歌の情景を関連づけて考える【知覚・感受】の能力を基盤に，どのように歌い方を工夫すれば自分たちが伝えたい歌の情景を表現することができるか，歌い方を試しながら【発想】を拡げて様々なアイデアを出し合うことができるようにする。

89

事例 4 歌唱《箱根八里》の単元にみる知覚・感受と発想のはたらき

■「資質・能力スタンダード」から「単元の評価規準」へ

資質・能力スタンダード（高等学校）		
知識・技能	音楽的思考	コミュニケーション／興味
●イメージを表現し，伝えるために，多様な表現媒体や方法，あるいは用語を適宜選択し，用いている。	【知覚・感受】音楽の諸要素やそれらの組み合わせによるはたらきについて知覚・感受し，それらを関連づけ，他者との交流をとおして自らの音楽認識を拡げている。 【発想】イメージを根拠に，多様な表現媒体や方法についてのアイデアを出し合い，音楽活動に貢献している。	【コミュニケーション】音によるイメージの実現を目的として，他者との意見交換や調整をとおして音楽活動に参加している。 【興味】活動の意味を自覚して，目的実現のための手段を選択し，試行を重ねて音楽活動に取り組んでいる。

教材の特徴と単元のねらい （89 ページ参照）

単元の評価規準《箱根八里》		
知識・技能	思考・判断・表現	主体的に学習に取り組む態度
①歌詞の内容や文化的背景，アーティキュレーションの用語について理解している（知識）。 ②アーティキュレーションを意識した発声，言葉の発音，身体の使い方などの歌唱技能を身に付けている（技能）。	①アーティキュレーションについて知覚・感受し，知覚したことと感受したこととの関わりについて考えている。 ②アーティキュレーションを意識しながら，イメージが伝わるように歌唱表現を工夫している。	①アーティキュレーションと情景とのかかわりに興味をもって聴いたり歌ったりしている。 ②他の生徒とコミュニケーションをとって活動したり声や息を合わせて歌ったりしている。

TIPS 教材《箱根八里》を知る（教材解釈を深め，授業デザインに生かす）

　鳥居忱作詞，瀧廉太郎作曲による《箱根八里》は，1901 年発行『中学唱歌』（東京音楽学校）に掲載された無伴奏の歌曲である。外国の旋律に日本語の歌詞を付けた 1889 年発行『中等唱歌集』（東京音楽学校）に対する批判から，『中学唱歌』では 38 曲中 21 曲が日本人の作となっている。そのうち《荒城の月》《箱根八里》《豊太閤》の 3 曲が瀧の作品である。歌詞は，山越えの難所として知られる箱根八里の光景を歌ったものである。《箱根八里》の 1 番の歌詞は，武士が「函谷関」に引けを取らない箱根山を勇ましく駆けながら，「これぞ武士だ」と自身を讃えている内容である。《箱根八里》の旋律の特徴は，①付点のリズム（付点 8 分音符と 16 分音符の組み合わせを一拍とする）を基調としシンコペーションや 3 連符のリズムの使用，②1 オクターブ以上の音域にわたる旋律の上行と下行の繰り返し，③いわゆるヨナ抜き音階の三つである。特に①と②が表現効果を高めている。アーティキュレーションに関しては，アクセント記号が数箇所書かれているだけである（原譜）。歌詞が意味している内容と旋律の動きを一体のものとしてとらえ表現していくうえで，言葉をどのように発音していくか追究することが，歌唱におけるアーティキュレーションの意義である。その点で《箱根八里》は，アーティキュレーションに関する歌い手の解釈が要求される歌曲である。

音楽的思考をどう育てるか **第4章**

■音楽的思考のはたらきを促す単元の展開例　[全8時間]

学習活動	音楽的思考のはたらき	学習評価
経験　《箱根八里》を歌って曲を味わい，歌詞の内容や曲の文化的背景について知識を得る。		
○《箱根八里》を歌って曲を味わい，歌詞の内容や曲の文化的背景について調べる。 ○作詞者や作曲者はこの歌でどのような情景を伝えたかったのか，歌ったり調べたりしたことをもとに，自分の考えを書く。		知・技①②
分析　《箱根八里》の冒頭4小節におけるアーティキュレーションの異なる歌い方を比較聴取し，アーティキュレーションについて【知覚・感受】する。		
●《箱根八里》の冒頭4小節についてアーティキュレーションの異なる2種類の歌い方（1音1音にスタッカートあるいはアクセントを付けて歌う歌い方と，スラーを付けてあるいはレガートで歌う歌い方）を比較聴取する。 ●聞き取ったことや感じ取ったことをワークシートに書き，グループや全体で交流し，アーティキュレーションの違いによって伝わってくる歌の情景がどのように異なるかについて，気づきを得る。	【知覚・感受】 アーティキュレーションの違いによる表現効果ついて【知覚・感受】したことをワークシートに書いたり発言したりしている。　→ CLOSE UP 01	思① 主①
再経験　伝えたい情景が表現できるように，アーティキュレーションや既知の要素（速度，強弱，フレーズなど）を意識して歌い方を創意工夫する（グループ活動）。		
●グループ内で，伝えたい情景とアーティキュレーションの工夫のアイデアについて実際に歌いながら意見を出し合い，楽譜ワークシートにアイデアをメモする。伝えたい情景が表現できるように，アーティキュレーションや既知の要素（速度，強弱，フレーズなど）を意識して歌い方を創意工夫する。	【発想】 アーティキュレーションや既知の要素を意識して，伝えたい情景を表現するための歌い方に関するさまざまなアイデアを出している。　→ CLOSE UP 02	知・技①② 思①② 主①②
○グループ間交流で得た気づきを自分たちの表現の創意工夫に生かし，まとまりのある表現を追究する。		知・技①② 思①② 主①②
評価　グループごとに演奏を発表し，歌唱表現を創意工夫した成果を交流する。アセスメントシートに答え，《箱根八里》1番を独唱する。		
○グループごとに演奏を発表し，歌唱表現を創意工夫した成果を交流する（相互評価）。 ○アセスメントシートに回答し，《箱根八里》1番を独唱する（自己評価・教師による総括的評価）。	【知覚・感受】 アーティキュレーションの違いによる表現効果ついて【知覚・感受】したことを，アセスメントシートに書いている。	知・技①② 思①② 主①

91

CLOSE UP 01

音楽的思考 知覚・感受 がはたらく場

アーティキュレーションについて【知覚・感受】したことをワークシートに書き，交流する

授業デザインをどう工夫するか

比較聴取によって【知覚・感受】できるような演奏音源を用意する

《箱根八里》の冒頭4小節の旋律について，すべての音をスタッカート気味にした歌い方と全体的にスラーを付けた歌い方の2種類の演奏を比較聴取することができるように，演奏音源（教師がその場で歌う，教師の演奏を録音するなど）を用意する。演奏音源を繰り返し聴いて**【知覚・感受】**できるようにする。

【知覚・感受】したことを書き込む個人用ワークシートを用意する

アーティキュレーションを意識した2種類の歌い方の違いを知覚し，歌い方の違いによってどのような情景の違いが伝わってくるか感受したことを関連づけて書く枠を設けた個人用ワークシートを用意する。生徒自身が**【知覚・感受】**した内容を分析的に捉えて，その後の相互交流の拠りどころにすることができるようにする。

個人が知覚・感受した内容を共有する場を設ける

歌唱表現を工夫する活動のグループの生徒同士やクラス全体で，個々の生徒が**【知覚・感受】**した内容を共有できるような場を設ける。例えばグループで話し合えるような机の配置をとり，個々の生徒がワークシートに書いた内容をグループ内で交流したり，グループ内で出されたおもな意見をクラス全体で共有したりすることができるようにする。このように，個々の生徒が**【知覚・感受】**した内容が共有されることにより，個々の音楽的思考が拡がるようにする。

音楽的思考の発揮を支えるポイント

ワークシートを工夫する

本単元では，生徒が「アーティキュレーションを知覚し，それらが生み出す特質や雰囲気などを感受しながら，知覚したことと感受したこととの関わりについて考える」という**【知覚・感受】**の力が発揮できるように，自分なりに**【知覚・感受】**したことを書き込む個人用ワークシートを用意している（図20）。

【知覚・感受】の言語化を支える

最初に演奏音源を視聴しながら個々人で感じ取ったことを書き，次に歌唱表現を工夫する4人グループ内で個々人が書いた内容について交流し，さらにクラス全体で交流するという計画になっている。このなかで，アーティキュレーションを意識した歌い方について**【知覚・感受】**した内容を生徒同士で共有しながら，ほかの生徒の意見も書けるようにワークシートを工夫している。

《箱根八里》の冒頭4小節を2種類の歌い方で聴き比べ、感じ取ったことを書こう。

	言葉をどのように歌っているか	どんな箱根八里の情景が伝わってきたか
A	自分の意見	自分の意見
	他の生徒の意見	他の生徒の意見
B	自分の意見	自分の意見
	他の生徒の意見	他の生徒の意見

図20　ワークシート

音楽的思考のはたらきをどう見取り，育てるか

[生徒 d の記述内容より]

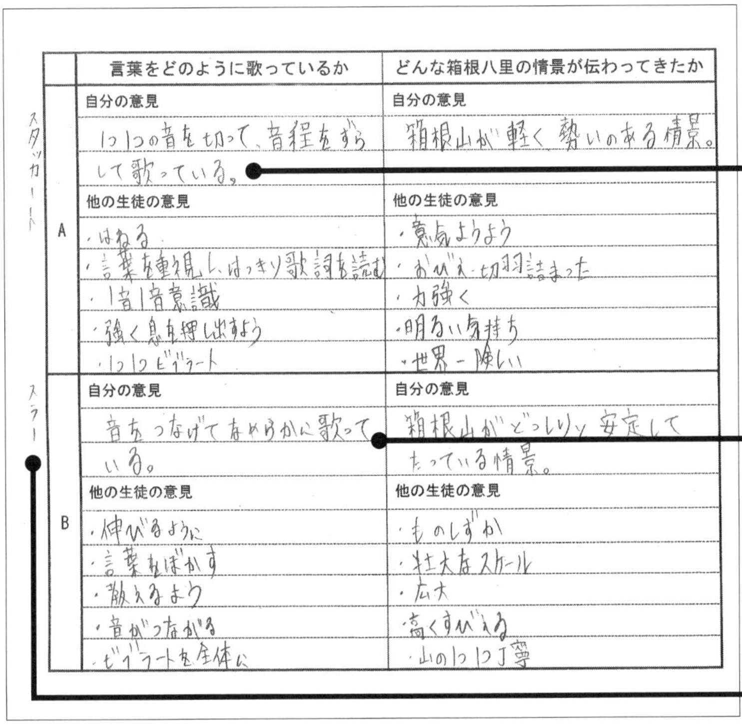

		言葉をどのように歌っているか	どんな箱根八里の情景が伝わってきたか
スタッカート	A	自分の意見	自分の意見
		1つ1つの音を切って、音程をずらして歌っている。	箱根山が軽く勢いのある情景。
		他の生徒の意見	他の生徒の意見
		・はねる	・意気ようよう
		・言葉を重視し、はっきり歌詞を読む	・おびえ・切羽詰まった
		・1音1音意識	・力強く
		・強く息を押し出すよう	・明るい気持ち
		・1つ1つビブラート	・世界一険しい
スラー	B	自分の意見	自分の意見
		音をつなげてなめらかに歌っている。	箱根山がどっしりと安定してたっている情景。
		他の生徒の意見	他の生徒の意見
		・伸びるように	・ものしずか
		・言葉をぼかす	・壮大なスケール
		・散えるよう	・広大
		・音がつながる	・高くすびえる
		・ビブラートを全体に	・山の1つ1つ丁寧

図 21　生徒 d のワークシート

各音にスタッカートを付けて弾むようにした歌い方に対しては「一つ一つの音を切って，音程をずらして歌っている」ことから「箱根山が軽く勢いのある情景」が感じ取れると書いている。

旋律のフレーズにスラーを付けた歌い方に対しては「音をつなげてなめらかに歌っている」ことから「箱根山がどっしりと安定してたっている情景」が感じ取れると書いている。

演奏 A には「スタッカート」，演奏 B には「スラー」という音楽用語をメモし，アーティキュレーションからみた歌い方の特徴を書いている。

[生徒 d の学習状況の評価と学習状況を踏まえた次の展開]

- 生徒 d はアーティキュレーションを意識した歌い方の特徴を知覚し，特徴の違いによって生まれる情景を感受することができている（図 21）。例えば「一つ一つの音を切って」「音をつなげて」というように音として聴こえる歌い方の特徴を対比的に言語化し，「軽く勢いのある」「どっしりと安定してたっている」というように感受した情景を対比的に言語化することができている。以上の記述の特徴から，音楽の特徴と情景を関連づけて考える**【知覚・感受】**の力が発揮されていると評価することができる。
- 次に，個々人で記述した内容について歌唱表現を工夫する 4 人グループやクラス全体で共有するという展開が考えられる。このような共有の場をつくり，個々人が**【知覚・感受】**した内容が広がりや深まりを生み，「アーティキュレーションを意識した歌い方によって伝えたい情景を表現することができる」という納得解を得ることができるように支援する。それは**【発想】【構想】**の力をはたらかせて協働で歌唱表現を創意工夫する足場となる。

事例4 歌唱《箱根八里》の単元にみる知覚・感受と発想のはたらき

CLOSE UP 02 音楽的思考 発想 がはたらく場
アーティキュレーションや既知の要素を意識して、実際に歌い方を試しながらアイデアを出し合う

■授業デザインをどう工夫するか

グループで協働して歌唱表現を創意工夫する学習形態をとる

グループで演奏活動ができる学習形態と教室空間をデザインする。協働で歌唱表現の創意工夫を行う環境（学習形態と教室空間）を整えて、生徒一人一人がどのように歌い方を工夫すれば自分たちが伝えたい歌の情景を表現することができるのか、さまざまなアイデアを出し合いながら【発想】を広げ、協働で歌唱表現を創意工夫することができるようにする。

グループで使用するワークシートとして共用の楽譜を用意する

生徒が歌い方の工夫について話し合ったり歌ったりして確かめたことを言葉や音楽記号を使ってメモすることができるように、共用して使用する楽譜を用意する。共用の楽譜は、歌い方の工夫に関する生徒の【発想】の広がりを可視化し、協働的な学びを成立させる道具としての役割を果たす。

演奏を振り返り歌唱表現の充実に結びつけることができる機会をつくる

グループで歌唱表現の仕方を模索している過程の演奏を録画し振り返ることができるように、グループごとに1台のタブレットを用意する。録画した動画を活用して、模索途中の演奏を生徒自身が目や耳で確認してよさや課題を発見し、さらに【発想】を広げて歌唱表現を充実させていくことができるようにする。

■音楽的思考の発揮を支えるポイント

共用の楽譜に書き込ませる

本単元では、【発想】の力を発揮して伝えたい情景を表現するための歌い方に関するさまざまなアイデアを出し合うことができるように、共用の楽譜（図22）をワークシートとして活用している。

グループの生徒は《箱根八里》のどのような情景を表現するためにどのような歌い方にしたいかという意見を出し合い、グループとして表現したい情景と歌い方に関して出されたアイデアをワークシートにメモする。このような過程を踏まえて協働で歌唱表現の工夫に取り組むことをとおして、生徒がこれまで【知覚・感受】の力を発揮して学んできた内容を協働的な歌唱表現の創意工夫に生かすことができるようにする。

【発想】の可視化を支える

既知の音楽記号や言葉を使って楽譜に書き込むことにより、【発想】の力による個々のアイデアを可視化できるようにする。

図22 書き込み用の共用の楽譜（原譜[*26]の一部を掲載）

■音楽的思考のはたらきをどう見取り，育てるか

[生徒 e の記述内容より]

冒頭 2 小節の各音の音符にスタッカート記号を付けさらに「ハ」「天」「険」の箇所に丸印を付け，「○はスタッカートを強調　箱根の山の険しさを誇るみたいに元気に力強く」と書き込んでいる。

3，4 小節部分にはスラー記号を付けさらに「ズ」を四角で囲み，「□はビブラートをきかせ長めに伸ばす　そびえたつ山の威厳を表現」と書き込んでいる。

図 23　生徒 e の楽譜への書き込み

[生徒 e の学習状況の評価と学習状況を踏まえた次の展開]

■ 生徒 e はグループで歌唱表現を創意工夫していることを，楽譜に書き込んでいる（図 23）。楽譜を見るとアーティキュレーションを示す記号であるスタッカートやスラーだけでなく，強弱記号であるクレッシェンドやデクレッシェンド，速度記号である accel. や rit. や a tempo も要所に書き込まれている。そして，なぜその歌い方にしたいかという根拠が，「箱根の山の険しさを誇るみたいに元気に力強く」「そびえたつ山の威厳を表現」など表現したい情景を説明する言葉によって書き込まれている。以上の記述の特徴から，生徒 e はどのように歌い方を工夫すれば自分たちが伝えたい歌の情景を表現することができるのか，【発想】の力を発揮して，アーティキュレーションや既知の要素（速度や強弱など）を意識し様々なアイデアを考えていると評価することができる。

■ グループ内で歌い方を工夫する活動にとどめず，グループ間交流により歌い方のアイデアが反映した演奏を交流するという展開が考えられる。このような交流の場をつくり，生徒がお互いの歌い方のアイデアや演奏を共感的に受けとめ，ほかのグループの姿に触発され，【発想】によって生まれたさまざまなアイデアを組み合わせたり取捨選択したりしながら，【構想】の力を発揮してまとまりのある歌唱表現を追究していくことができるようにする。

（横山真理。ただし「教材の特徴と単元のねらい」（89 頁）と「TIPS」（90 頁）は鈴木健司）

ワークシート 箱根八里

音楽的思考を促すワークシート
（第1時から7時までの学習過程で使用されたワークシートから抜粋したもの）

- -

❶　《箱根八里》はどんな情景を歌った歌だと思いましたか？　歌を聴いたり歌ったりして伝わってきた情景（感じ・雰囲気・様子）を書きなさい。

❷　《箱根八里》の歌詞の意味を理解するために，わからない言葉はインターネットを活用して調べ，自分なりの解釈を加えて現代語訳しなさい。

箱根の山は天下の険 ＿＿＿＿＿＿＿＿＿＿＿＿＿＿＿＿＿＿＿＿＿＿＿＿＿＿＿＿

函谷關も物ならず ＿＿＿＿＿＿＿＿＿＿＿＿＿＿＿＿＿＿＿＿＿＿＿＿＿＿＿＿

❸　滝廉太郎や鳥居忱は，旋律や歌詞を通してどのような情景を伝え助かったのだろうか？　自分の考えをまとめて書きなさい。

❹　《箱根八里》の冒頭部分を，2種類の歌い方で聴きます。どのような歌い方で歌っていますか？　歌い方の違いによって伝わってくる情景（感じ・雰囲気・様子）はどのように異なりますか？

	どのような歌い方で歌っているか	伝わってくる情景
A	自分の意見 他の生徒の意見	自分の意見 他の生徒の意見
B	自分の意見 他の生徒の意見	自分の意見 他の生徒の意見

❺　《箱根八里》の冒頭（箱根の山は天下の険　函谷關も物ならず）をどのような歌い方で歌ってみたいですか。それはなぜですか。

グループによる歌唱活動の課題：	グループ発表会
グループごとに，自分たちが表現したい《箱根八里》の情景を確認し，それが表現できるように，アーティキュレーションや他の要素（速度，強弱，声の音色，フレーズ）を意識して歌い方を創意工夫しよう。	評価 ・アセスメントシート ・個人歌唱テスト

❻ どのような情景を表現するためにどのような歌い方で，《箱根八里》の冒頭4小節を歌いたいですか？ 個人の意見をグループ内で交流し，グループとしての意見をまとめて書きなさい。

《箱根八里》の冒頭の歌い方を意識しながら満足のいくまで繰り返し歌い，工夫した歌い方で息を合わせて歌えるようになったら，一度録画をしてみよう。録画を視聴して，自分たちの歌を振り返ろう。

❼ 《箱根八里》のどのような情景を伝えるためにどのように歌い方を工夫したか，うまく表現できたことや難しかったこと，次回どのように工夫したいか，本時の活動を振り返って書きなさい。

グループでの歌唱活動の課題：
伝えたい情景と歌い方の工夫についてグループで話し合ったり歌ったりして確認した内容を，説明の言葉や音楽記号を使って楽譜中にメモしよう。

自分のグループ	自分たちが表現したい《箱根八里》の情景と歌い方の工夫を関連づけて説明しなさい。
自分以外のグループ	授業での学びを生かして，各グループの演奏を評価しなさい。

評価規準例 1

小学校低学年
音楽づくり「おまつりの音楽」

［指導内容］リズムと曲想　［教材］おはやしのリズムを使った音楽づくりの活動　［学年］2年

■ 単元の指導計画［全3時間］

単元名　おはやしのリズムを意識して「おまつりの音楽」をつくろう

ステップ	学習活動	時数
経　験	みんなでおはやしのリズムを唱えて，自分たちの「おまつりの音楽」をつくる。	第1時
分　析	2種類のおはやしのリズムを比較聴取し，おはやしのリズムについて知覚・感受する。	第2時
再経験	自分たちの「願い」をこめた「おまつりの音楽」をグループで工夫する。	
評　価	つくった「おまつりの音楽」を発表し，おはやしのリズムについてのアセスメントシートに答える。	第3時

■ 「資質・能力スタンダード」から「単元の評価規準」へ

資質・能力スタンダード（小学校低学年）		
知識・技能	音楽的思考	コミュニケーション／興味
●イメージを表現し，伝えるために，表現媒体（音，身体など）や用語を意識して使っている。	【知覚・感受】音楽の諸要素の特徴を知覚し，音楽が生み出す特質を感受し，それらを関連づけて身体や言葉（擬音語など），視覚的媒体を使って表している。 【発想】イメージを根拠に表現媒体を用いてアイデアを試している。	【コミュニケーション】他者とイメージを共有して音楽活動に参加している。 【興味】行為そのものに目的を見いだし，音楽活動に取り組んでいる。

単元の評価規準「おまつりの音楽」		
知識・技能	思考・判断・表現	主体的に学習に取り組む態度
①アセスメントシートに用語（おはやしのリズム）についての理解を示している。 ②おはやしのリズムについて理解し，イメージが伝わるように「おまつりの音楽」をつくって表現している。	①おはやしのリズムについて知覚し，それらのはたらきが生み出す特質や雰囲気を感受している。 ②おはやしのリズムを意識し，イメージが伝わるように表現を工夫している。	①おはやしのリズムについて興味をもち，主体的・協働的に音楽づくりに取り組んでいる。

（清村百合子）

評価規準例 2　　　　　　　音楽的思考をどう育てるか **第4章**

小学校中学年

器楽《茶色のこびん》

［指導内容］パートの役割と曲想　［教材]《茶色のこびん》ウインナー作曲　［学年］4 年

■ 単元の指導計画［全3時間］

単元名　パートの役割を意識して《茶色のこびん》を演奏しよう

ステップ	学習活動	時数
経　験	《茶色のこびん》の原曲に合わせて手拍子をするなどして曲の雰囲気をつかみ，《茶色のこびん》の主旋律を演奏する。	第1時
分　析	「主旋律のみ」「主旋律＋中音部」「主旋律＋低音部」の音源を比較聴取し，それぞれのパートの役割について知覚・感受する。	第2時
再経験	それぞれのパートの役割を意識して楽器を選び，グループで《茶色のこびん》のアンサンブルを工夫する。	
評　価	グループごとに《茶色のこびん》のアンサンブルを発表し，パートの役割についてのアセスメントシートに答える。	第3時

■ 「資質・能力スタンダード」から「単元の評価規準」へ

資質・能力スタンダード（小学校中学年）		
知識・技能	音楽的思考	コミュニケーション／興味
●イメージを表現し，伝えるために，表現媒体や用語を適切に使っている。	【知覚・感受】音楽の諸要素の特徴を知覚し，音楽が生み出す特質を感受し，それらを関連づけて身体や言葉，視覚的媒体などを使って具体的に表している。 【発想】イメージを根拠に表現媒体を用いて，発見したアイデアを伝え合っている。	【コミュニケーション】音によるイメージの実現に向けて，他者へ興味を示し，音楽活動に参加している。 【興味】目的を意識して自分から積極的に音楽活動に取り組んでいる。

単元の評価規準《茶色のこびん》		
知識・技能	思考・判断・表現	主体的に学習に取り組む態度
①アセスメントシートに用語（パートの役割）についての理解を示している。 ②パートの役割について理解し，イメージが伝わるように演奏表現している。	①パートの役割について知覚し，それらのはたらきが生み出す特質や雰囲気を感受している。 ②パートの役割を意識しながら，イメージが伝わるように演奏を工夫している。	①パートの役割について興味をもち，主体的・協働的に演奏活動に取り組んでいる。

（清村百合子）

評価規準例 3

小学校高学年

歌唱《ふるさと》

［指導内容］声の重なりと曲想　［教材］《ふるさと（文部省唱歌）》高野辰之作詞　岡野貞一作曲　［学年］6 年

■ 単元の指導計画［全 3 時間］

単元名　声の重なりを意識して《ふるさと》を歌おう

ステップ	学習活動	時数
経　験	歌詞の意味をとらえて《ふるさと》を歌い，声の重なりに気づく。	第 1 時
分　析	「主旋律のみ」と「主旋律＋副旋律」の音源を比較聴取し，声の重なりについて知覚・感受する。	第 2 時
再経験	声の重なりを意識してイメージが伝わるようにグループで歌唱表現を工夫する。	
評　価	グループごとに《ふるさと》の歌唱表現を発表し，声の重なりについてのアセスメントシートに答える。	第 3 時

■「資質・能力スタンダード」から「単元の評価規準」へ

資質・能力スタンダード（小学校高学年）		
知識・技能	音楽的思考	コミュニケーション／興味
●イメージを表現し，伝えるために，表現媒体や用語を選択し，適切に使っている。	【知覚・感受】音楽の諸要素のはたらきについて知覚・感受し，それらを関連づけ，他者との交流をとおして詳細に表している。 【手段と結果の関係づけ】イメージを表現するための手段とそれによってもたらされた結果とを関係づけて検討している。	【コミュニケーション】音によるイメージの実現を目的として，他者と協力して音楽活動に参加している。 【興味】目的とそのために必要な手段を選択して，積極的に音楽活動に取り組んでいる。

単元の評価規準《ふるさと》		
知識・技能	思考・判断・表現	主体的に学習に取り組む態度
①アセスメントシートに用語（声の重なり）についての理解を示している。 ②声の重なりについて理解し，イメージが伝わるように歌唱表現している。	①声の重なりについて知覚し，それらのはたらきが生み出す特質や雰囲気を感受している。 ②声の重なりを意識しながら，イメージが伝わるように歌い方を工夫している。	①声の重なりについて興味をもち，主体的・協働的に歌唱活動に取り組んでいる。

（清村百合子）

評価規準例 4　音楽的思考をどう育てるか **第4章**

中学校
創作「都節音階による旋律づくり」

［指導内容］都節音階と曲想　［教材］都節音階を使った創作の活動　［学年］2年

■ 単元の指導計画［全3時間］

単元名　都節音階を意識して旋律をつくろう

ステップ	学習活動	時数
経　験	《さくらさくら》をモデルに都節音階について知り，箏を使ってグループごとに簡単な旋律をつくる。	第1時
分　析	いくつかのグループの作品を取り上げ，その作品を都節音階で弾いた場合と，民謡音階で弾いた場合とを比較聴取し，都節音階について知覚・感受する。	第2時
再経験	都節音階を意識してどのようなイメージの曲にしたいか話し合い，グループでさらに旋律を工夫する。	第2時
評　価	グループごとにつくった作品を発表し，都節音階についてのアセスメントシートに答える。	第3時

■ 「資質・能力スタンダード」から「単元の評価規準」へ

資質・能力スタンダード（中学校）		
知識・技能	音楽的思考	コミュニケーション／興味
●イメージを表現し，伝えるために，表現媒体や用語を必要に応じて取捨選択し，それらを適切に使っている。	【発想】イメージを根拠に表現媒体を用いて，他者と協力して新しいアイデアを出し合っている。 【手段と結果の関係づけ】イメージを表現するための手段の妥当性を検討したうえで，その後の音楽活動に生かしている。	【コミュニケーション】音によるイメージの実現を目的として，他者と協力し，意見を調整しながら音楽活動に参加している。 【興味】目的とそのために必要な手段を吟味し，試行を重ねて音楽活動に取り組んでいる。

単元の評価規準「都節音階による旋律づくり」		
知識・技能	思考・判断・表現	主体的に学習に取り組む態度
①アセスメントシートに用語（都節音階）についての理解を示している。 ②都節音階について理解し，イメージが伝わるように旋律を創作している。	①都節音階について知覚し，それらのはたらきが生み出す特質や雰囲気を感受している。 ②都節音階を意識し，イメージが伝わるように表現を工夫している。	①都節音階について興味をもち，主体的・協働的に創作活動に取り組んでいる。

（清村百合子）

101

評価規準例 5

高等学校
器楽《スタンド・バイ・ミー》

［指導内容］パートの重なり　［教材]《スタンド・バイ・ミー》ベン・E・キング他作詞作曲　［学年]1年

■ 単元の指導計画［全16時間］

単元名　パートの重なりを意識し自分たちの《スタンド・バイ・ミー》を表現しよう

ステップ	学習活動	時数
経　験	各パートの演奏の仕方を知る。	第1-4時
分　析	パートの重なりを知覚・感受する。	第5-8時
再経験	演奏の仕方を創意工夫する。	第9-14時
評　価	グループでの演奏を発表し,パートの重なりについてのアセスメントシートに答える。	第15-16時

■「資質・能力スタンダード」から「単元の評価規準」へ

資質・能力スタンダード（高等学校）		
知識・技能	音楽的思考	コミュニケーション／興味
●イメージを表現し,伝えるために,多様な表現媒体や方法,あるいは用語を適宜選択し,用いている。	【手段と結果の関係づけ】イメージを表現するための手段の妥当性を検討したうえで,それらを客観的に振り返り,その後の音楽活動に生かしている。 【構想】イメージを根拠に,音や音楽の部分を関連づけて全体を把握したうえで,まとまりのある音楽としてとらえている。	【コミュニケーション】音によるイメージの実現を目的として,他者との意見交換や調整をとおして音楽活動に参加している。 【興味】活動の意味を自覚して,目的実現のための手段を選択し,試行を重ねて音楽活動に取り組んでいる。

単元の評価規準《スタンド・バイ・ミー》		
知識・技能	思考・判断・表現	主体的に学習に取り組む態度
①クラシックギターのさまざまな奏法や奏法の組み合わせによる音楽的効果について理解する（理解している）。ギターユニットをはじめとした多様な演奏形態による表現の違いや良さについて理解している。 ②クラシックギターのさまざまな奏法の特色を生かして演奏することができている。ビートを感じながら他者の演奏と自分の演奏の調和を意識し息を合わせて演奏している。	①《スタンド・バイ・ミー》のギター演奏に関して得た知識や技能,演奏の聴き合いや演奏録画の視聴をもとに,どのように演奏すればイメージを表現できるか分析的に検討している。 ②イメージを根拠にさまざまなアイデアを出し合い演奏を試しながら,まとまりのある音楽を生み出そうと表現を創意工夫している。	①パートの重なりによる表現効果に興味をもち,主体的・協働的にギターユニットの活動における演奏表現の創意工夫に取り組んでいる。

（横山真理）

解説 「資質・能力スタンダード」と音楽的思考が「見える」ということ

音楽科においてスタンダードを構築することの意味

　スタンダードというと型はめや画一化の道具としてとらえられがちである。ましてや音楽科においては，創造性を疎外するものとして否定的に捉える人も多いだろう。日本ではスタンダードというと例えばめあての確認と振り返りは授業に入れるようにするといった，授業の進め方の型のようなものをイメージしがちだが，米国においてスタンダードというと，共通の目標・内容を意味する。日本の学習指導要領にあたるものがなく，州はもちろん学区や学校ごとにカリキュラムが多様な米国において，1990 年代以降，共通性や一定水準の学力を担保すべく「スタンダードに基づく教育」が展開した。この米国における「スタンダードに基づく教育」は多くの場合，多肢選択式の標準テストによる学校評価とセットであったために，テストのための教育や教育の画一化が批判されたりもした。そして，本書でも言及されているパフォーマンス評価は，標準テストでは測れない，子ども達のホンモノの学力や育ちを，教室での学びの文脈において評価すべく生まれてきた。

　本書のスタンダードは，音楽科の授業の進め方にかかわるものではなく，子どもの活動に型をはめるものではない。むしろ「生成の原理」に基づく経験の再構成を重視するものである。さらに言えば，達成すべき目標や水準を示すものでもない。だからといってゴールフリーを意味するものではなく，意味ある経験や変容に向けた意図性を表現し，学びの価値の見取りの指針を提起するものである。何らかの意図や願いや仕掛けもないところに教育は成立しないし，子どもの活動に意味や価値を見いだす眼（鑑識眼）なくしては，子どもの学びを深めていくことはできない。特に音楽科の授業では，子どもたちは活発に一見楽しそうに活動するし，実際それで満足して，結局，何を学んだのかがわからないといった活動主義に陥ることもある。本書のスタンダードは，「資質・能力の育ちを実現している子どもの具体的な姿」と規定されており，広くは目的・目標の明確化にかかわるものである。しかし，それは固定的で達成・未達成を判定する目標・評価基準というより，子どもの姿に内面の成長（実現すべき価値）を洞察する手がかりとして構成されている。

　教師としての力量の核心は子どもが「見える」ということであり，熟練の教師は子どもたちの活動のなかに音楽的に意味のある経験を見いだし，長い目で子どもたちの成長を見守りながら，確かに子どもたちに力をつけたり変容をもたらしたりしていく。経験の浅い教師はそもそも見れども見えずということがあるし，究極的には見る眼は経験をとおして磨かれていくものであるが，何を意識的に「見る」とよいのか，熟練の教師に見えている風景に近づくための足場や補助線として，また学校内や学校間である程度の共通理解を形成しながら長期的にすべての子どもたちの学びや育ちを保障していくためのカリキュラムの枠組み（成長の見取り図）として，本書のスタンダードを役立てることができるだろう。

「資質・能力スタンダード」であることの意味

　音楽にかかわる活動のどこに注目するかという点にかかわって，本書は音楽的思考に注目するものである。音楽科の目標と評価というと，リコーダー等の演奏や合唱といったパフォーマンスの出来栄えに注目して，比較的成果として見えやすい個別の技能（できる・できない）を点検する実技テストはこれまでもなされてきた。これに対して近年のパフォーマンス評価は，「真正の学び（authentic learning）」（学校外や将来の生活で遭遇する本物の，あるいは本物のエッセンスを保持した活動）をとおして，生きてはたらく学力等の見えにくい育ちを評価しようとするものである。すなわち，個別の技能を総合して自分の想いを音楽で表現したり，音楽要素を眼鏡にして作品の価値を深く味わったりするといった具合に，音楽科の本質的かつおいしいプロセス，いわば「音楽する」経験の成立を目指すわけである。

　現行学習指導要領の資質・能力ベースの改革は，世界的に展開しているコンピテンシー・ベースの改革の日本版である。コンピテンシーという言葉は，もともと経済発展に寄与する「人材」の意味が強い。だが，人材育成にとどまらず民主的な社会の担い手である「市民」として，さらには文化的な生活を営む一人の「人間」として，目の前の子どもたちが未来社会をよりよく生きること（well-being）につながる学びを学校は保障できているのかを問うものとして，コンピテンシー概念を捉える必要がある。

　資質・能力ベースの改革は，教科のみならず教育課程全体で子どもたちをどう育てたいのかという「一人前」像（成長目標）を見据えつつ，各教科の存在意義を問うものである。音楽科についても，できることが増える，うまくなるといった技能の向上にとどまらない音楽的経験の人間形成的価値（教育的価値），そして生活や人生において「音楽する」ことの意味が問われている。本書が「パフォーマンス・スタンダード」ではなく「資質・能力スタンダード」であることの意味はこの点にかかわるし，音楽的思考というかたちで音楽科において重視すべき育ちを明確化するものである。演奏や作品自体の評価の先に，学びや育ちの評価がなされることが重要なのである。

　ただし，そこでの評価は，スタンダードやそれをより具体化したルーブリックを子どもの学びに当てはめる「目標にとらわれた評価」や「ルーブリック評価」のようなかたちになってはいけない。部分の総和が全体と一致するとは限らないし，人は言葉にできること以上のことを暗黙的に知っている。本書のスタンダードは熟練の教師の実践的見識を分析的に言語化するものであって，記述された文言にとらわれずに，具体的な子どもの丸ごとの姿を見る眼をこそ対話的に共有し，音楽教育観・子ども観・学習観を深めることが肝要である。

京都大学大学院教育学研究科

石井英真

註

＊1　西園芳信（2017）．生成の原理．日本学校音楽教育実践学会編．音楽教育実践学事典．音楽之友社．18-19 頁．

＊2　小島律子（2014）．生成型学力を育成する和楽器合奏プログラムの理論的構成．大阪教育大学紀要第Ⅴ部門，63（1），82 頁．

＊3　兼平佳枝（2017）．音楽的思考．日本学校音楽教育実践学会編．音楽教育実践学事典．音楽之友社．40 頁．

＊4　日本学校音楽教育実践学会では平成 28 年度から令和 3 年度にかけて「音楽科で育成すべき資質・能力とその評価——生成の原理に基づく音楽科授業——」をテーマに課題研究プロジェクトに取り組み，その研究成果は，学会紀要『学校音楽教育実践論集』の第 1 号（2017）から第 5 号（2022）に詳細が報告されている。

＊5　Dewey, J.（1916）．*Democracy and Education*. Southern Illinois University Press. The Middle Works, 9, p82.（松野安男訳（1975）．民主主義と教育（上）．岩波書店．岩波文庫，青 652-3，127 頁．）

＊6　Dewey, J.（1938）．*Logic: The Theory of Inquiry*. Southern Illinois University Press. The Later Works, 12, pp108-109.（魚津郁夫訳（1968）．論理学——探究の理論——．上山春平編．世界の名著 48 パース ジェイムズ デューイ．中央公論社．491-493 頁．）

＊7　小島律子（2012）．生成の原理に基づく音楽科の単元構造の論理．学校音楽教育研究，16, 3-12 頁．

＊8　Dewey, J.（1916）．*Democracy and Education*. Southern Illinois University Press. The Middle Works, 9, p54.（松野安男訳（1975）．民主主義と教育（上）．岩波書店．岩波文庫，青 652-3，87 頁．）

＊9　遠藤貴広（2021）．目標に準拠した評価．西岡加名恵・石井英真編著．教育評価重要用語事典．明治図書出版．32 頁．

＊10　松下佳代（2007）．パフォーマンス評価とは何か．パフォーマンス評価——子どもの思考と表現を評価する——．日本標準．日本標準ブックレット，7, 10 頁．

＊11　本節の学習評価の要点や手続きは次の文献を参照している。横山真理（2023）．音楽科の学力と評価．清村百合子・小島律子監修．新版三訂版 小学校音楽科の学習指導——生成の原理による授業デザイン——．あかつき教育図書．31-33 頁．

＊12　ここでは，現行学習指導要領に示されている「知識・技能」を観点 1，「思考・判断・表現」を観点 2，「主体的に学習に取り組む態度」を観点 3 としている。

＊13　新村出編（2018）．広辞苑（第 7 版）．岩波書店．1748 頁．

＊14　小島律子（2015）．経験の再構成としての授業展開．音楽科 授業の理論と実践．あいり出版．64頁．

＊15　「経験―分析―再経験―評価」の各ステップの説明は，小島律子（2023）「単元構成の枠組み」清村百合子・小島律子監修（2023）『新版三訂版 小学校音楽科の学習指導――生成の原理による授業デザイン――』（あかつき教育図書）38-39頁を参考にしている。

＊16　西園芳信・小島律子（2023）．資料 音楽教育主要用語　アセスメントシート．清村百合子・小島律子監修．新版三訂版 小学校音楽科の学習指導――生成の原理による授業デザイン――．あかつき教育図書．161頁．

＊17　同上，資料 音楽教育主要用語　批評文，161-162頁．

＊18　髙橋澄代（2023）．指導計画．清村百合子・小島律子監修．新版三訂版 小学校音楽科の学習指導――生成の原理による授業デザイン――．あかつき教育図書．43頁．

＊19　本節の授業デザインの視点は，小島律子（2015）「音楽科における授業デザインの現代的視点」『音楽科 授業の理論と実践』（あいり出版）77-81頁を参考にしている。

＊20　文部科学省（2017）．小学校学習指導要領解説 音楽編．東洋館出版社．25-28頁．

＊21　文部科学省（2017）．中学校学習指導要領解説 音楽編．教育芸術社．31-34頁．

＊22　文部科学省（2019）．小学校，中学校，高等学校及び特別支援学校等における児童生徒の学習評価及び指導要録の改善等について（通知）（30文科初第1845号）（平成31年3月29日）〔別紙4〕各教科等・各学年等の評価の観点等及びその趣旨（小学校及び特別支援学校小学部並びに中学校及び特別支援学校中学部）．14頁．

＊23　宮城道雄（1993）．春の海．講談社．

＊24　本実践（魔王）は音楽教育実践学研究会京都合宿（2016年8月26〜28日開催）におけるC班作成指導案「声の音色の違いを感じて魔王を聴こう」を一部参照した。

＊25　《魔王》の教材研究については，以下の文献を参考にした。

　　　岡田暁生（2013）．ロマン派音楽の制度と美学．西洋音楽史．放送大学．132-144頁．

　　　田村和紀夫（2008）．《魔王》が開示した世界――ロマン派の表現領域――．アナリーゼで解き明かす新名曲が語る音楽史――グレゴリオ聖歌からポピュラー音楽まで――．音楽之友社．124-125頁．

　　　村田千尋（2004）．作曲家 人と作品 シューベルト．音楽之友社．184頁．

　　　村田千尋（1990）．シューベルト・リートの魅力の秘密．新編世界大音楽全集 声楽編1 シューベルト歌曲集Ⅱ．音楽之友社．206頁．

＊26　大分県教育庁文化課編（1994）．大分県先哲叢書 瀧廉太郎 資料集．大分県教育委員会．483頁．

あとがき

　2030 年を見すえてよりよい未来の創造を実現すべく，いま，学校教育の世界では子ども
たちにどのような力を身につけてほしいか，さまざまな議論が巻き起こっています。いっぽ
う本書では，自ら環境にはたらきかけ，そこで何が起こったか反省し，次なる行動の指針を
得て自己と環境を改変していくという「経験の再構成」を主軸に，音楽科で育まれる資質・
能力とそれを発揮する音楽科の授業像について検討してきました。また経験を再構成する主
体を子どもに見いだし，音楽科の授業は具体的にどのような過程を辿るとよいか，どのよう
な能力が発揮されるかについて実践をとおして明らかにしてきました。このことは未来の創
造を期待されている子どもたちにとって，学校音楽教育はどうあるべきか，その方向性を具
体的に示したといえます。

　本学会はコンピテンシーへの着目よりももっと前から，子どもの内的思考の重要性に着目
してきました。それは学会の設立理念が「理論と実践の統合」にあることに起因しています。
学校音楽教育は理論ありきではなく教室にいる子どもたちが主役であり，子どもが音楽とど
う向き合い，何を表現しようとしているか，そこに注目することこそが音楽科授業の創造に
つながるという考えのもと，音楽教育実践学を追究してきました。

　本学会はこれまで音楽科カリキュラムの開発，音楽科カリキュラムの国際比較研究，日本
伝統音楽の授業開発など現代的トピックをテーマに，いずれも 5 年計画で課題研究に取り組
んできました。そして平成 28 年から令和 3 年にかけて「音楽科で育成すべき資質・能力と
その評価——生成の原理に基づく音楽科授業——」をテーマに課題研究を立ち上げ，その成
果をまとめたものが本書です。

　課題研究の成果は一朝一夕で生まれたわけではありません。課題研究の背景には関西音楽
教育実践学研究会で蓄積された，膨大な実践研究があります。この研究会は大阪教育大学天
王寺キャンパスで月一回自主的に開催されており，平成 26 年から 3 年間「音楽科で育成す
べき能力」をテーマに年間 10 本ほどの音楽科授業実践を行い，音楽の授業で子どもがどの
ような能力をはたらかせているのか，授業記録より分析してきました。その研究会の成果を
本学会の課題研究に引き継ぎ，発展させてきました。

資質・能力スタンダードの開発の背景には，このような音楽科のリアルな授業実践と子ども一人一人の音楽への対し方が存在しています。授業実践のなかで起きていることをつぶさに観察することをとおして，音楽的思考という子どもの内面のはたらきが一体どうなっているのか把握しようと試み，その結果，資質・能力スタンダードという形あるものとして開発することができました。

資質・能力スタンダードの開発を終えたいま，残された課題もみえてきました。

第一は，資質・能力スタンダードの精緻化です。本書で示した資質・能力スタンダードはあくまでも枠組みであって，これらを活用して，子どもを見る洞察の手がかりとしたり，授業改善につなげたりすることを目的としています。そのため，ある程度，柔軟性をもたせた示し方に留めましたが，今後は実践の蓄積をとおして，この資質・能力スタンダードをより具体的に検証していく必要があると考えています。

第二は，資質・能力スタンダードを活用した学習評価の研究です。本書では学習評価の具体的な提案とその検証までには至っていません。今後は資質・能力スタンダードを活用して，パフォーマンス評価やルーブリックの作成など，学習評価への展開を視野に入れて研究を進めていく必要があると考えています。

最後に，資質・能力スタンダードの開発にあたって多大なる貢献をいただいた皆様に謝意を表したいと思います。

本書のもとになった課題研究では，本書で「解説」を執筆いただいた京都大学の石井英真氏をはじめ，シカゴ大学実験学校の教育実践を紹介してくださった広島大学の中村和世氏，学習指導要領改訂の趣旨を解説してくださった文部科学省教科調査官の臼井学氏，子どもの内面を共感的に理解することの重要性を説いてくださった名古屋大学の柴田好章氏，資質・能力の構造を可視化してくださった聖徳大学の増井三夫氏，教育評価への展望を示してくださった京都大学の西岡加名恵氏（所属はいずれも登壇当時），それぞれのお立場から資質・能力スタンダードに対して建設的なご意見や方向性を示してくださいました。また会員からも，資質・能力スタンダードの構築を目指して実践研究のご協力をいただきました。本書はこれら理論と実践の往還研究があってこその成果といえます。ご協力いただきました皆様に心より感謝申し上げます。

最後になりましたが，音楽的思考の重要性に関心を示し本書の出版を快く引き受けてくださった図書文化社の皆様に感謝申し上げるとともに，企画・編集については佐藤達朗氏に多大なるご尽力をいただきましたこと，ここに深く感謝申し上げます。

2024 年 6 月

日本学校音楽教育実践学会
代表理事　清村百合子

執筆者一覧

（原稿順，所属は 2024 年 6 月時点）

小島　律子　こじま・りつこ ───── はじめに
元日本学校音楽教育実践学会代表理事，大阪教育大学名誉教授，博士（教育学）
専門は音楽教育学及び教育方法学。ジョン・デューイの哲学に拠り，だれもが能動的に参加できる音楽科授業の実現に取り組んでいる。

清村　百合子　きよむら・ゆりこ ───── 第 1 章，第 2 章 1，第 4 章事例 3，おわりに
日本学校音楽教育実践学会代表理事，京都教育大学教授，博士（学校教育学）
専門は音楽教育学。小中高等学校の音楽科の授業構成および子どもの表現過程について研究し，現場の教員と協働して授業研究にも取り組んでいる。

横山　真理　よこやま・まり ───── 第 2 章 2，3，第 4 章事例 4
日本学校音楽教育実践学会常任理事，東海学園大学教育学部教育学科准教授，博士（教育学）
専門は音楽教育実践学，教育方法学。逐語記録に基づく授業分析の研究方法論に依拠して，「構成活動」を原理とした音楽科授業の分析に取り組んでいる。

藤本　佳子　ふじもと・けいこ ───── 第 3 章 1
日本学校音楽教育実践学会編集幹事，大阪教育大学教育学部特任講師
専門は音楽教育学。ジョン・デューイの探究理論と芸術論に依拠し，子どもの音楽的思考を育成する授業構成についての研究に取り組んでいる。

衛藤　晶子　えとう・あきこ ───── 第 3 章 2，3，4
日本学校音楽教育実践学会編集委員，畿央大学教育学部現代教育学科教授
専門は音楽教育学。特に音楽科の授業研究。

田代　若菜　たしろ・わかな ───── 第 4 章事例 1
日本学校音楽教育実践学会会員，東京都台東区立蔵前小学校教諭
専門は音楽教育。児童の音楽的思考を育てるために，授業実践をとおして発問の仕方や教材研究に取り組んでいる。

髙橋　詩穂　たかはし・しほ ───── 第 4 章事例 2
日本学校音楽教育実践学会常任理事，京都教育大学附属桃山小学校教諭
専門は音楽教育。多文化共生を目指し，伝統音楽を教材とした実践研究に取り組んでいる。

柿谷　隆子　かきたに・たかこ ───── 第 4 章事例 3
日本学校音楽教育実践学会会員，京都市立洛北中学校副校長
専門は音楽教育。地域の伝統芸能の教材開発など，中学校音楽科授業の実践研究に取り組んでいる。

鈴木　健司　すずき・けんじ ───── 第 4 章事例 4（教材の特徴と単元のねらい，TIPS）
日本学校音楽教育実践学会会員，東海中学校・高等学校教諭
「構成活動」を原理とした音楽科授業の実践をとおして思考と協働性を育てる音楽科授業の創造に取り組んでいる。

石井　英真　いしい・てるまさ ───── 解説［特別寄稿］
京都大学大学院教育学研究科准教授，博士（教育学）
専門は教育方法学。学校で育成すべきでかつ育成できる資質・能力（学力）のモデル化を研究し，授業研究を軸にした学校改革に取り組んでいる。

著 者

日本学校音楽教育実践学会　にほんがっこうおんがくきょういくじっせんがっかい
（Japan Association for the Study of School Music Education Practice : JASSMEP）

　1996年創設。「学校教育」「音楽科教育」「教育実践」をキーワードとし，理論と実践を相互に関連させながら，学校の音楽教育の理想とそのあり方を研究する学術団体。学校音楽教育に関心をもつ大学教員，大学院生，幼稚園・小学校・中学校・高等学校・特別支援学校の教員，行政関係者など，学校音楽教育に直接携わる会員が多数所属。

音楽的思考を育てる資質・能力スタンダード

2024年9月20日　初版第1刷発行　[検印省略]

著　　者	日本学校音楽教育実践学会	
発 行 人	則岡秀卓	
発 行 所	株式会社 図書文化社	
	〒112-0012　東京都文京区大塚1-4-15	
	TEL：03-3943-2511　FAX：03-3943-2519	
	http://www.toshobunka.co.jp/	
本文デザイン·装幀	中濱健治	
校 正 協 力	株式会社ダブルウイング	
イ ラ ス ト	松永えりか	
組版・印刷	株式会社 Sun Fuerza	
製　　本	株式会社 村上製本所	

Ⓒ Japan Association for the Study of School Music Education Practice, 2024　Printed in Japan
ISBN 978-4-8100-4787-5　C3037
乱丁・落丁本はお取り替えいたします。定価はカバーに表示してあります。

教育評価・学習評価の本

中学校・高等学校　授業が変わる学習評価深化論 ――観点別評価で学力を伸ばす「学びの舞台づくり」――		石井英真［著］
これだけはおさえたい学習評価入門 ――「深い学び」をどう評価するか――		鈴木秀幸［著］
教科と総合学習のカリキュラム設計 ――パフォーマンス評価をどう活かすか――		西岡加名恵［著］
ヤマ場をおさえる学習評価 ――深い学びを促す指導と評価の一体化入門――	小学校	石井英真・鈴木秀幸［編著］
	中学校	石井英真・鈴木秀幸［編著］
ヤマ場をおさえる 単元設計と評価課題・評価問題 ――全単元の評価プランとB／A判定例に学ぶ，シンプルな観点別評価――	中学校国語	石井英真・吉本　悟［編著］
	中学校社会	石井英真・高木　優［編著］
	中学校数学	石井英真・佃　拓生［編著］
	中学校理科	石井英真・新井直志［編著］
	中学校英語	石井英真・上村慎吾［編著］
通信簿の文例＆言葉かけ集	小学校低学年	石田恒好・山中ともえ［編著］
	小学校中学年	石田恒好・山中ともえ［編著］
	小学校高学年	石田恒好・山中ともえ［編著］
	中学校	石田恒好・嶋﨑政男［編著］
新指導要録の記入例と用語例	小学校	無藤隆・石田恒好ほか［編著］
	中学校	無藤隆・石田恒好ほか［編著］
新指導要録の解説と実務	小学校	無藤隆・石田恒好ほか［編著］
	中学校	無藤隆・石田恒好ほか［編著］

図書文化

上記書籍の目次等を，弊社ホームページでご確認いただけます ▶▶▶